최강의
수학
공부법

확실하게 수학 공부 잘하는 법

최강의 수학 공부법

조규범 지음

메이트북스

메이트북스 우리는 책이 독자를 위한 것임을 잊지 않는다.
우리는 독자의 꿈을 사랑하고,
그 꿈이 실현될 수 있는 도구를 세상에 내놓는다.

최강의 수학 공부법

초판 1쇄 발행 2018년 8월 1일 | **지은이** 조규범
펴낸곳 ㈜원앤원콘텐츠그룹 | **펴낸이** 강현규·정영훈
책임편집 이수민 | **편집** 최미임·안미성·이가진·김슬미
디자인 최정아 | **마케팅** 한성호·김윤성 | **홍보** 이선미·정채훈
등록번호 제301-2006-001호 | **등록일자** 2013년 5월 24일
주소 06132 서울시 강남구 논현로 507 성지하이츠빌 3차 1307호 | **전화** (02)2234-7117
팩스 (02)2234-1086 | **이메일** khg0109@hanmail.net
값 15,000원 | ISBN 979-11-6002-154-7 43190

이 도서의 국립중앙도서관 출판시도서목록(CIP)은 e-CIP홈페이지(http://www.nl.go.kr/ecip)에서
이용하실 수 있습니다.(CIP제어번호 : CIP2018022101)

제대로 배우기 위해서는 거창하고 교양 있는
전통이나 돈이 필요하지 않다. 스스로를
개선하고자 하는 열망이 필요할 뿐이다.

· 아담 쿠퍼(발레무용가) ·

수학 공부, 정답은 없지만
효율적인 방법은 있다

수학 공부에 정답이 있을까? 학생마다 이해력도 다르고, 공부 습관도 다르다. 때문에 나의 공부법이 누구에게나 정답이 될 수는 없다. 그러나 효율적인 수학 공부법은 있다.

20년 넘게 학생들에게 수학을 가르치면서 알게 된 것이 있다. 수학을 잘하는 학생들은 자신만의 공부법을 가지고 있고, 그 방법들에는 공통점이 있다는 것이다. 그 학생들은 수학 문제를 풀이하고, 틀린 것을 정리하는 정도로만 끝나지 않았다. 수학 공부의 시작부터 마무리까지 달랐다.

이 책에는 수학을 잘하는 학생들의 공통점을 비롯해 학생들에게 필요한 효율적인 수학 공부법을 담았다. 이 방법이 모든 학생에게 정답은 아닐지라도 수학 공부를 해나가는 데 큰 도움이 될 것이다. 특히 수학 공부를 열심히 하고 싶은데 무엇을 어떻게 해야 할지 모르는 학생들이나, 열심히 공부하는데도 좋은 결과로 연결되지 않는 학생들에게 방향을 제시해줄 것이다.

나는 수학 공부에서 가장 중요한 것은 '열정'과 '효율성'이라고 생각한다.

먼저 열정이 필요하다. 열정이란 하고자 하는 마음이다.

교사로서 공부 방법을 몰라 힘들어하는 학생에게 방향과 방법을 제시해주는 것은 그리 어려운 일이 아니다. 그러나 전혀 수학 공부에 관심이 없는 학생의 마음을 돌려 공부를 시작하게 하는 것은 정말 힘든 일이다.

이 책은 누구나 수포자가 될 수 있다는 이야기로부터 시작한다. 이 말은 누구나 수포자에서 벗어날 수 있다는 말과 같다. 지금은 부족하더라도 열정을 갖고 효율적인 방법을 따라가며 자신에게 어울리는 공부법을 찾는다면 얼마든지 변할 수 있다. 이 과정에서 자신에게 집중해야 한다.

공부의 주인공은 자신이고, 앞으로 펼쳐질 인생도 자신의 것이다. 누군가에게 끌려가듯이 하는 공부보다 자신이 계획하고 실천해보는 것이 중요하다. 그럼 자신에게 필요한 것들이 서서히 보일 것이다. 그래서 먼저 열정이 필요하다. 열정은 전적으로 여러분들이 해야 할 일이라는 것을 명심하자.

그다음으로 수학 공부에서 중요한 것은 효율성이다. 수학을 잘하는 학생들의 공통점은 공부의 효율성이 있다는 것이다.

시간과 방법의 효율성이 대표적이다. 많은 시간을 투자해 많은 문제를 풀이하는 것만이 아니다. 공부 시작 전에 메타인지(나는 얼마만큼 할 수 있는가에 대한 판단)가 활성화되어 자신이 알고 있는 것과 모르는 것을 정확히 이해하려는 노력을 한다. 공부 과정에서는 자신에게 가장 잘 어울리는 방법을 찾기 위한 노력을 하고, 마지막에는 자신이 공부한 것들을 한눈에 보이게 정리한다. 이 모든 과정에서 꾸준함이 작동된다. 자신의 부족함을 찾고 채워나가기 위한 노력의 흔적들이 고스란히 남아서 긍정적인 변화를 만든다.

나는 그간 수학수업, 자율동아리 퍼즐사랑반 활동, 방과후학교 수업을 통해 많은 학생을 만났다. 수학을 좋아하는 학생, 싫어하는 학생, 잘하는 학생, 못하는 학생, 열심히 공부하는데 성적이 안 나오는 학생, 수포자라고 말하는 학생 등 다양하다. 수업과 활동 속에서 학생들을 통해 느끼고 관찰한 내용들을 이 책에 고스란히 담았다. 또 학생과 학부모와의 상담을 통해 함께 고민했던 흔적들도 담았다.

모두가 힘들어하는 수학 공부다. 정답도 없다. 그러나 효율적인 수학 공부법을 찾으려는 열정과 노력이 있다면 자신에게 어울리는 방법을 찾을 수 있다고 생각한다. 결국 자신에게 가장 잘 어울리는 수학 공부법이 정답이자 최강의 수학 공부법이다.

무엇보다 이 책을 통해 자신에게 가장 잘 어울리는 수학 공부법을 찾길 바란다. 또한 자신에게 집중해 주인공의 모습으로 공부하길 바란다. 그것이 변화를 위한 시작이고, 정답을 찾기 위한 노력이다.

이 책이 나오기까지 늘 편안하게 집필할 수 있게 해준 메이트북스 출판사에게 감사드린다. 또한 집필과정에서 절대적인 지지와 늘 힘이 되어주었던 우리 가족에게도 감사를 전한다. 특히 수학을 좋아하고 스스로 공부했던 경험을 이야기해줬던 아내 김미영과 딸 현정, 아들 민기에게 감사의 마음을 전한다.

이 책은 지난 20년 동안 휘문중학교 학생들과 함께했던 모든 경험으로부터 빚어진 결과물이다. 학생들을 가르치고, 함께 활동하면서 고민했던 것들을 모아 만들었다. 그동안 나와 함께했던 모든 학생에게 감사의 마음을 전하고 싶다.

조규범

차례

1장 | 그 학생들은 **왜 수포자**가 되었을까?

2장 | 수학 공부에 대한 **동기**가 무엇보다 **중요**하다

3장 | 수학 공부, **시작 전에** 이것만은 꼭 **알아두자**

4장 │ 수학 공부, 이제 **본격적으로** 시작해볼까?

5장 | 수학 **잘하는** 학생들의 **수학 공부법**을 배우자

『최강의 수학 공부법』
저자 심층 인터뷰

'저자 심층 인터뷰'는 이 책의 심층적 이해를 돕기 위해 편집자가 질문하고
저자가 답하는 형식으로 구성한 것입니다.

Q. 『최강의 수학 공부법』을 소개해주시고, 이 책을 통해 독자들에게 전하고 싶은
메시지가 무엇인지 말씀해주세요.

A. 저는 20년 동안 강남의 한 중학교에서 학생들을 가르치고 있는
수학교사입니다. 저는 그동안 교과 수업과 학교 활동에서 다양
한 학생들을 만났습니다. 그 중에는 수학을 좋아하는 학생, 싫
어하는 학생, 나름의 공부 방법을 가지고 있는 학생, 공부 방법
을 몰라 힘들어하는 학생 등이 있었습니다. 이 책에는 수학 공
부법뿐만 아니라 제가 만났던 다양한 학생들과 함께 나누었던
이야기, 학과 성적에 대한 상담내용 등이 담겨 있습니다.

누구에게나 정답인 수학 공부법은 없지만, 효율적인 수학 공부법은 있다고 생각합니다. 제가 만났던 학생들을 통해 수학을 좋아하고 잘하는 학생들은 자신만의 수학 공부법을 가지고 있다는 것을 알게 되었습니다. 그 방법은 아주 특별한 것이 아니더라도 그 학생에게 가장 잘 어울리는 공부법이었습니다. 수학을 잘하는 학생들과 부족한 학생들의 가장 큰 차이는 바로 '자신만의 공부법'이었습니다. 저는 이 책을 통해 여러분들도 자신에게 가장 잘 어울리는 공부 방법을 찾기 바랍니다. 그리고 꾸준히 실천해서 변화의 맛을 느끼길 바랍니다. 그것이 바로 수학 공부의 '정답'이라고 생각합니다.

Q. 시중에 수학을 공부하는 법에 대한 책들이 여러 권 나와 있는데요, 그 책들과의 차이점은 무엇인가요?

A. 대개 수학 공부법에 대한 책들은 공부 방법에만 초점을 맞춰 쓴 것이 일반적입니다. 때문에 저자들이 효율적인 방법이라고 생각하는 것들로 채워져 있습니다. 저 또한 이번 책에 효율적인 수학 공부법들을 담았습니다. 그러나 수학 공부법만 담은 것은 아닙니다. 효율적인 공부법보다 우선이 되어야 하는 것은 수학에 대한 생각과 마음가짐입니다. 때문에 공부법뿐만 아니라 수학에 대한 생각과 마음가짐부터 다양한 학생들의 상담내용까지 담았습니다.

수학에 부정적인 생각을 가지고 있는 학생들에게 더 필요한 것은 방법보다 하고자 하는 마음입니다. 그래서 이 책에서는 수학에 대한 긍정적인 생각들을 이야기해주고, 효율적인 방법을 하나하나 제시했습니다. 또 학생들과 성적에 대한 고민을 함께하고 좋은 방법을 찾아나갔던 이야기도 담았습니다. 책 속의 대부분의 이야기와 효율적인 공부법은 교사인 저의 경험보다는 학생들을 통해 느끼고 깨달았던 것을 바탕으로 정리했습니다. 이 책을 통해 공부의 주인공이 자신임을 깨닫고, 효율적인 수학 공부법을 꾸준히 실천해나가길 바랍니다.

Q. 다른 과목과 달리 수학은 '수포자'라는 말이 있을 정도로 수학에 대한 학생들의 인식은 부정적입니다. 현직 교사로서 이에 대해 어떻게 생각하시나요?

A. 저는 신학기가 되면 첫 수업에 학생들에게 설문지를 주고, 수학에 대한 자신의 생각을 자유롭게 써보라고 합니다. 그 설문지에는 '나에게 수학이란 (   )이다'를 포함해 학생들이 수학 과목을 어떻게 생각하는지, 스스로 생각하는 수학 실력은 어떤지, 수학을 잘하기 위해 자신에게 필요한 것이 무엇인지를 알아보기 위한 내용들이 있습니다. 설문이 끝나고 학생들과 함께 자신의 생각을 나눠보는 시간도 갖습니다.

저는 전적으로 학생들의 이야기만을 듣습니다. 그 속에서 학생들은 수학에 대한 부정적인 생각들을 토해내듯이 말하곤

합니다. 그만큼 학생들에게 수학은 괴롭지만 어쩔 수 없이 공부해야 하는 과목입니다. 재미와 흥미보다는 평가를 위해 끊임없이 노력해야 하는 과목입니다. 사실 수학을 포기한 수포자가 많다는 것도 문제지만 수학을 잘하는 수포자가 있을 만큼 수학에 대한 만족도가 바닥으로 떨어진 것이 더 문제입니다. 이런 현실을 보면서 교사로서 매우 안타까움을 느낍니다. 그래서 저는 수업 속에서 학생들과 함께 즐거움을 찾고자 노력합니다. 퍼즐 문제를 풀이하고, 큐브와 보드게임을 가지고 놀면서 조금이라도 수업에 흥미를 가질 수 있도록 노력하고 있습니다. 우선 수업이 즐거워야 수학 공부를 하고자 하는 마음이 생기기 때문입니다. 여러분들도 수업 속에서 작은 즐거움을 찾아보세요. 그럼 긍정적인 변화를 맛볼 수 있다고 생각합니다.

Q. 학생들이 수학을 입시 때문이 아닌 좀더 넓은 의미에 이유를 두고 공부해야 한다고 하셨는데, 그 이유가 무엇인가요?

A. 대학 입시만을 위한 수학 공부, 게다가 경쟁을 통해 잘해야 하는 현재와 같은 상황에서 수학 공부가 즐거운 학생들은 일부에 지나지 않습니다. 원래부터 수학 과목에 흥미를 가지고 있거나 노력을 통해 수학 성적이 좋은 학생들입니다. 나머지 학생들에게는 수학 공부가 힘들지만 어쩔 수 없이 하는 것에 불과합니다. 어쩔 수 없이 하는 마음마저도 없어지면 공부의 의

미가 없어집니다. 의미가 없는 것에 힘을 빼느니 그냥 포기해 버립니다.

이것이 수포자가 된 학생들의 생각입니다. 모든 것이 입시 위주로 진행되기 때문에 생기는 문제입니다. 물론 우리에게 대학 입시는 의미 있는 목표가 될 수 있습니다. 대학을 통해 자신의 진로를 선택하고 직업으로 연결되는 경우가 많기 때문입니다. 그러나 수학 공부의 목적이 대학 입시만을 위한 것은 아닙니다. 대학에 들어가서도, 직장에 들어가서도 지금과 같이 문제 풀이 형식의 공부가 아닐 뿐이지 수학적인 생각은 필요하고 중요합니다.

저는 수학 공부의 목적이 수학적 감각을 키우는 것이라 생각합니다. 어떤 일을 하든 주어진 상황에 대해 분석하고 정리해 해결을 위한 시도를 할 때가 많습니다. 그럴 때 필요한 것이 지금 공부하는 수학적 지식과 생각들의 조각들입니다. 마치 흩어진 퍼즐조각을 맞춰 완성품을 만드는 것과 같습니다. 지금의 수학 공부는 여러분들의 퍼즐조각을 확인하고 이해하는 연습 단계라고 생각하면 됩니다. 자신만의 더 넓은 의미의 수학 공부 목적과 목표를 세워보세요. 수학 공부를 더 즐겁고 재미있게 할 수 있는 원동력이 될 것입니다.

Q. 이 책의 사례와 예시를 보면 중학 수학인 경우가 많습니다. 초등 수학도 고등 수학도 아닌, 중학 수학을 중점으로 잡은 이유가 무엇인가요?

A. 중학 수학은 수학 공부의 뼈대와 같은 역할을 합니다. 초등학교 때 배우는 수학은 연산 위주의 학습과 함께 수학 공부의 맛을 느끼게 해주는 기초단계라고 보면 됩니다. 반면 중학교 때 배우는 수학은 명확한 수학 개념의 이해와 함께 주어진 문제나 상황을 판단하고 적용해 해결하는 것까지 중점을 두고 있습니다. 그래서 중학 수학은 앞으로 배울 심화된 고등학교 수학 공부뿐만 아니라 수학적 감각을 키우기 위한 가장 기본이 되는 개념들입니다.

　저는 중학교 때 어떤 마음을 가지고, 어떻게 수학 공부를 하느냐에 따라 많은 것이 달라진다고 생각합니다. 이후에 고등학교에 올라가 수학 공부를 할 때 자신감을 가질 수 있느냐를 결정하고, 대학 입시에서도 결정적인 역할을 합니다. 뿐만 아니라 중학교 때 가졌던 자신감은 앞으로 어떤 공부를 하든, 어떤 분야에서 일을 하든 자신감으로 표출 된다고 생각합니다. 그래서 이 책의 대부분의 예시와 상담내용은 중학 수학과 중학생을 중심으로 썼습니다.

Q. 이 책에서 수학 문제의 정답을 맞히는 것보다 풀이 과정의 중요성에 대해 강조하셨는데, 그 이유에 대해 설명 부탁드립니다.

A. 수학 문제 풀이는 수학적인 생각과 감각을 키우기 위한 연습입니다. 단순하게 시험을 잘 보기 위해 수학 공부를 하는 것이 아닙니다. 평가를 위해 수학 공부를 한다고 해도 과정보다 정답에만 집중하다 보면 한계가 있습니다. 특히 학년이 올라갈수록 풀이 과정을 통해 정답으로 연결되어야만 풀이의 흐름을 기억할 수 있습니다. 기억한 풀이의 흐름은 다른 문제를 풀 때 활용성이 높습니다. 또한 풀이 과정을 기록하면 그것을 통해 자신의 부족한 점을 찾을 수 있습니다. '공부'란 자신의 부족함을 찾아 채워나가는 과정이기 때문에, 자신의 부족함을 찾는 것이 핵심입니다. 그만큼 공부를 할 때 많은 흔적을 남길수록 자신의 부족함을 찾을 수 있을 뿐만 아니라 머릿속에 기억으로 남길 확률이 높습니다.

어떤 문제든 정답은 하나지만, 풀이 과정은 다양합니다. 자신의 풀이 과정과 친구들의 풀이 과정, 정답지에 나와 있는 풀이 과정이 제각기 다를 수 있습니다. 각각을 비교해 자신과 다른 풀이 과정을 이해하려고 한다면 좋은 공부가 될 것입니다. 다양한 풀이 방법을 알고 있을수록 그 속에 있는 개념을 확장하고 적용할 수 있는 힘이 생기기 때문입니다. 그래서 정확한 풀이 과정을 통해 정답을 이끌어내는 것이 중요합니다. 특히 중학생일수록 이런 습관을 자신의 것으로 만들어야만 앞으로의 공부에서 더 효율적으로 자신의 부족함을 찾고, 채워나갈 수 있다고 생각합니다.

Q. 개념의 연결고리를 통한 수학 학습법이 필요하고 하셨습니다. 그것이 왜 중요한지, 어떻게 학습해야 하는지에 대해 설명 부탁드립니다.

A. 독일의 심리학자 에빙하우스의 망각곡선을 들어본 적이 있으실 겁니다. 사람은 암기한 내용을 10분부터 망각하기 시작해 한 시간 뒤에는 50% 이상, 하루 지나면 70% 이상, 한 달 뒤에는 80% 이상의 기억을 망각한다고 합니다. 망각을 늦추기 위해서는 관련성을 최대한 높여 공부해야 하고, 반복학습을 해야 합니다. 특히 수학 개념이라면 관련성을 높이는 것이 더 필요하다고 생각합니다. 수학 과목은 단계형 교육과정으로 구성되어 있어, 이전 학년과 현재 학년, 다음 학년의 개념들이 서로 관련성이 많습니다. 이러한 개념들을 하나로 연결해 학습을 하면 현재 학년의 개념뿐만 아니라 복습과 예습, 기본과 심화학습을 함께할 수 있다는 장점이 있습니다. 이것을 개념의 연결고리를 통한 학습법이라고 말할 수 있습니다.

예를 들어 중학교 2학년 함수단원을 공부한다고 하면 함수의 용어와 정의를 먼저 학습하고, 중학교 1학년 때 배운 정비례, 반비례 관계를 통해 일차함수의 성질과 그래프, 활용까지 학습을 합니다. 학습수준에 따라 중학교 3학년 때 배울 이차함수까지 확장해 공부를 해나갈 수 있습니다. 그만큼 개념의 연결고리를 통한 학습법은 전체의 개념을 명확하게 할 수 있고, 관련성을 최대로 높여 자신의 것으로 만들 수 있습니다.

Q. 수학 오답노트를 작성할 때는 풀이보다 효율적으로 작성하는 게 더 중요하다고 하셨는데, 효율적인 오답노트 작성법을 알려주시기 바랍니다.

A. 학생들이 수학을 공부할 때 가장 많이 사용하는 것이 오답노트입니다. 수학 문제를 풀고 자신이 틀린 문제를 노트에 기록해 다음에는 실수하지 않길 바라는 마음으로 정리합니다. 대부분의 학생은 오답노트에 틀린 문제와 풀이 과정을 쓰는 정도에 그칩니다.

그러나 오답노트가 단순하게 틀린 문제를 한 번 더 풀이하는 정도라면 답지와 큰 차이가 없습니다. 오답노트 속에는 틀린 문제의 풀이 과정뿐만 아니라 자신의 이해도에 대한 흔적들이 많이 남아 있어야 합니다. 풀이 과정을 세부적으로 나눠 몰랐던 부분이 어디인지를 찾고, 그 내용과 관련된 개념이나 유사문제, 더 나아가 심화개념까지 기록한다면 자신만의 오답노트가 됩니다.

오답노트를 작성하는 방법에는 정답이 없습니다. 그러나 효율적으로 정리한 오답노트는 시험을 준비할 때 최고의 자료가

됩니다. 오답노트는 정리하는 것보다 활용하는 것이 중요하다
는 것을 반드시 기억하길 바랍니다.

Q. 수학이라는 과목 자체를 두려워하는 학생들이 많습니다. 수학과 친해지는 퍼
즐 문제와 보드게임을 소개해주시기 바랍니다.

A. 퍼즐 문제는 놀이로 풀어보는 '수수께끼'입니다. 그 속에 숨어
있는 창의적이고 참신한 생각을 찾아내는 놀이입니다. 그래서
학생들은 퍼즐 문제를 풀 때 즐거워합니다. 실제로 수업시간에
학생들에게 퍼즐 문제를 내주면 많은 관심을 보이고, 적극적으
로 풀이하는 모습을 볼 수가 있습니다. 간단한 성냥개비 퍼즐
이나 도형퍼즐 문제라면 자신감을 갖고 도전합니다. 일반적으
로 퍼즐 문제는 수의 규칙성을 찾는 수퍼즐 문제, 도형의 특징
을 창의적으로 접근해야 하는 도형퍼즐 문제 등 다양한 것들이
있습니다. 퍼즐 문제 풀이는 해결보다 해결을 위해 도전하고
집중하는 과정이 더 중요합니다. 해결을 하지 못하더라도 생각
해볼 수 있는 기회만 된다면 어떤 퍼즐 문제든 상관없으니, 쉬
운 퍼즐 문제부터 도전해보세요.

　　보드게임은 가족이나 친구들과 함께할 수 있는 퍼즐게임입
니다. 학생들이 좋아하는 보드게임에는 숫자의 조합을 통해 승
리전략을 세우는 루미큐브를 비롯해 다빈치코드, 스플랜더 등
다양한 것들이 있습니다. 보드게임은 어떤 것이든 그 속에서 승

리전략을 찾으려는 생각과 노력을 통해 얻는 것들이 많습니다.

결국 퍼즐 문제나 보드게임도 넓은 의미에서는 수학적 생각과 감각이 필요한 놀이입니다. 해결을 위한 노력이나 전략을 세우는 것은 수학을 공부하는 것과 같아, 놀이를 통해 수학에 좀더 친해질 수 있는 기회가 된다고 생각합니다.

Q. 수학 실력의 향상을 위해 고민하는 학부모와 학생들에게 꼭 해주고 싶은 말이 있다면 한 말씀 부탁드립니다.

A. 수학을 잘하든 못하든 누구나 현재 자신의 수학 실력이 향상되길 바랍니다. 더 정확하게 말하면 시험에서 더 좋은 성적을 거두길 바랍니다. 그래서 수학을 잘하는 친구들의 공부법을 따라해보기도 하고, 친구들이 좋다고 하는 문제집을 사서 풀어보기도 합니다. 또 미리 준비하면 잘할 것이라는 생각으로 힘들지만 선행학습도 합니다. 그러나 꽤 많은 학생은 자신의 수학 실력이 향상된다는 느낌을 받지 못합니다. 오히려 과도한 학습량으로 힘들고 점점 더 귀찮아집니다. 그 강도가 더 커지면 아예 수학을 포기하는 경우도 생깁니다. 이것이 현재 많은 중고등학생의 모습입니다.

수학 실력이 향상되길 원한다면 먼저 자신에게 집중해야 합니다. 자신의 의지와 수준을 파악하는 것이 우선입니다. 아무리 좋은 공부법이라도 자신이 하고자 하는 마음으로 꾸준히 실천해나가지 않으면 의미가 없습니다. 그래서 저는 수학 실력의 향상을 위한 첫걸음은 열정이라 생각합니다. 열정과 도전, 꾸준함이 작동되어야 자신에게 집중할 수 있고, 스펀지처럼 수학 공부법을 받아들일 수 있습니다. 그래야 자신에게 어울리는 수학 공부법을 찾을 수 있습니다. 이 책 속의 효율적인 수학 공부법과 다양한 학생들의 상담 이야기를 통해 자신에게 가장 어울리는 수학 공부법을 찾고, 수학 실력이 향상되길 바랍니다. 더 나아가 수학적 감각과 생각들이 더 깊어질 수 있는 기회가 되길 바랍니다.

'수포자'라는 말이 생소하지 않은 요즘이다. 학생들은 대학 입시만을 위한 수학 공부가 재미없고 힘들다고 말한다. 심지어 '수학을 잘하는 수포자'라는 말이 있을 정도다. 무엇이 문제일까? 입시제도, 과도한 사교육 속에서는 누구나 수포자가 될 수 있다. 그러나 분명한 점은 수학 공부의 목적이 대학 입시에만 있지 않다는 것이다. 1장에서는 수학을 왜 포기하면 안 되는지, 목적과 목표가 왜 중요한지, 나에게 필요한 것이 무엇인지를 확인하고 수학을 잘하는 학생들의 공통점과 습관, 차이점을 알아볼 것이다.

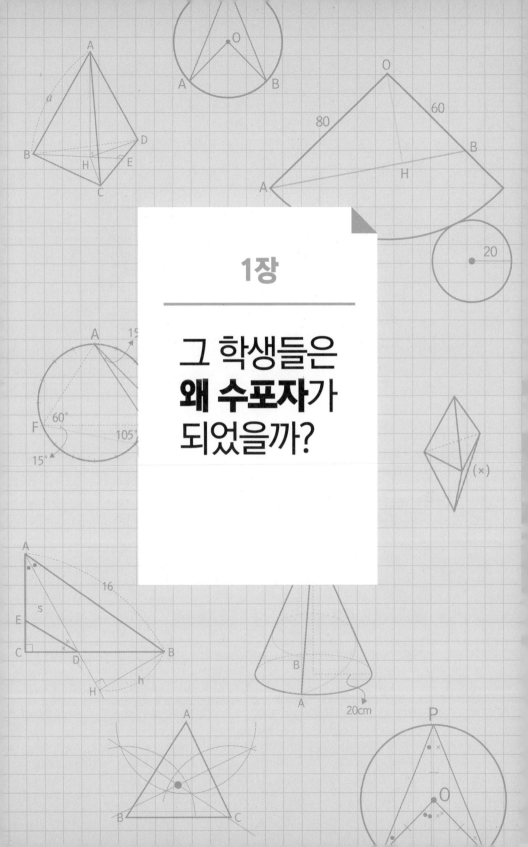

1장

그 학생들은 **왜 수포자**가 되었을까?

누구나 수포자가
될 수 있다

점점 더 수포자가 많아지는 가장 큰 이유는 스스로 수포자라고 선포하거나 수포자가 될
수 있다고 불안해하기 때문이다. 수학 공부를 포기하지 않고 긍정적인 생각과 좋은 공부
방법을 찾는다면 큰 변화를 맛볼 수 있다.

어린 시절 누구나 자신이 수포자가 될 것이라고 생각했던 사람
은 없을 것이다. 처음 수를 배우고 1부터 10까지를 세게 되었을
때 부모님은 내 아이가 천재라고 기뻐했을 것이다. 친구들과 블
록 놀이를 하면서 즐겁게 배웠던 것이 수학이었다. 초등학교에
입학해 재미있고 즐겁게 공부했던 기억도 날 것이다.

그런데 초등학교 고학년이 되어 점점 어려운 수학 개념이 나
오고, 재미와 흥미도 그만큼 줄어들었을지도 모른다. 어느 순간
부터 시험이 수학 공부의 전부가 되어버렸고, 배움이 아닌 경
쟁을 위한 도구로 여겨지기도 했을 것이다. 때로는 과도한 선
행학습에 지쳐, 수학에 대한 부정적인 생각을 가지게 되는 경

우도 있었을 것이다. 대부분의 학생이 수학 공부를 힘들어하지만 좋은 성적을 위해 꼭 해야 한다는 생각으로 버티고 있는 것이 현실이다.

왜 수포자가 되는 걸까?

수학을 포기한 학생을 '수포자'라고 한다. 처음에는 수학을 즐겁게 공부했었는데, 어쩌다가 수포자의 길을 걷게 되는 것일까? 한 교실에 절반가량의 학생이 수학 수업에 관심을 갖지 않고, 심지어 '수학을 잘하는 수포자'라는 말이 있을 정도로 수학에 대한 관심도와 만족도는 바닥으로 떨어진 것이 현재 학교의 모습이다.

무엇이 문제일까? 입시제도, 과도한 사교육, 재미없는 수업…. 학년이 올라갈수록 수포자가 점점 더 많아지는 이유는 여러 가지가 있다. 결과만을 평가하는 입시제도, 한계를 넘어선 과도한 사교육, 평가에만 맞춰 진행되는 수업 등 수많은 이유가 있다. 또한 각각의 이유에는 그 나름대로의 명분도 있다.

그러나 가장 큰 이유는 '스스로 자신이 수포자라고 선포'하기 때문이다. 불안한 입시제도, 과도한 사교육 등은 직접적인 이유라고 할 수 없다. 왜냐하면 어떤 입시제도가 나오더라도 모두를 만족시킬 수 없고, 선행을 위한 자신의 수준에 맞지 않는 사교육도 개인이 선택한 것이기 때문이다. 이렇게 많은 수포자가 생기는 것은, 결국 우리 자신이 스스로 수포자라고 선포하거나 수포자가 될 수도 있다고 불안해하기 때문이다.

수포자도 얼마든지 다시 시작할 수 있다

많은 중고등학교 학생이 수학 공부를 입시를 위한 것으로만 생각한다. 학교도 수학 공부의 최종목표가 대학 입시는 아니라고 말하지만, 입시를 위한 과정으로 변해버린지 오래다. 좋은 성적을 얻기 위해 결과에 집중할 수밖에 없다. 결과만을 중요하게 생각하는 평가에서 누구나 불안감을 느끼기 마련이다. 결과가 좋지 않으면 불안감은 더 커지고, 재미도 없어진다. 입시에 대한 부담과 불안으로 마침내 수학 과목 자체를 포기하게 되는 경우가 많다.

이런 현실에 학부모들의 불안감은 커진다. 이 불안감에서 벗어나길 바라는 마음으로 자식들을 사교육시장에 등 떠밀어 보낸다. 이렇게 미리 준비하면 좋은 결과로 연결될 것이라는 생각을 한다. 그러나 미리 준비한다고 해서 효과가 있는 학생들은 아주 일부다.

오히려 사교육을 통한 과도한 선행학습으로 인해 수학에 흥미를 잃고 수포자가 되어 버리는 경우도 많다. 실제로 학교에서 수포자라고 말하는 학생들의 대부분은 과거에 과도한 선행학습을 받았거나 지금도 받고 있는 중이다. 수포자가 되지 않길 바라는 학부모의 애정 어린 마음이 오히려 자녀를 수포자로 만들어버리는 나쁜 결과를 초래할 수도 있다.

교육부는 교과내용을 축소하고 실생활과 연계한 내용을 중심으로 교육과정을 바꾸는 노력을 하고 있다. 수학능력시험을 비롯해 입시제도도 더디지만 변하고 있다. 그러나 어떤 입시제도가 나오더라도 모두를 100% 만족시킬 수 있는 제도는 없다. 또한 입시를 준비하는 학생들에게 불안감은 늘 그림자처럼 따라다닌다. 결국 상황을 어떻게 받아들이느냐에 달려있다. 긍정적으로 생각한다면 얼마든지 좋은 방향으로 변해나갈 수 있다.

불안한 입시제도와 과도한 선행학습으로 수학에 대한 흥미를 잃는 것은 누구에게나 있을 수 있는 일이다. 같은 울타리 안에서 스스로가 어떻게 생각하고 무엇을 실행에 옮기느냐에 따라 수포자가 될 수도 있고, 즐겁게 공부를 할 수도 있다.

언제나 자신의 삶을 선택하는 주인공은 학생 자신이다. 입시제도는 하루아침에 나를 위해 바뀌지 않을 것이며, 부모님의 불안감도 계속될 것이다. 우리는 바꿀 수 없는 현실에 스스로를 침몰시키지 않아야 한다.

물론 미래의 결과가 중요한 것은 사실이다. 하지만 지금 내 삶이 즐겁고 선택이 자유로워야 한다. 수학 공부도 마찬가지다. 그렇게 해야 재미를 느끼면서 몰입하고 집중하게 되며, 그에 따라 성적도 오르게 되는 것이다. 수학 공부에 도움이 되는 좋은 방법들은 앞으로 이야기하겠지만 이 책에서 먼저 강조하고 싶은 점은 현재 수학 성적이 나쁘다고 해서 스스로 수포자라고 선포하지 말아야 한다는 것이다.

자신 스스로 수포자라고 선포하는 순간, 자신의 무한한 가능성을 포기하는 것이다. 누구나 포기만 하지 않으면 좋은 변화를 맛볼 수 있다. 단언컨대 수학 공부를 포기하지 않고 긍정적인 생각과 공부법들을 찾아간다면 다양한 생각과 방식으로 자신만의 좋은 결과를 얻게 될 것이라고 확신한다.

수학을 절대로 포기하면
안 되는 이유

수학은 우리의 삶 속에서 여러 가지 일을 판단할 때, 밑바탕이 되는 과목이며 문제해결을 위한 도구다. 지금 배우고 있는 수학 공부는 앞으로 다가올 다양한 문제들의 해결을 위한 연습이고 훈련이다.

수학은 생활 속에서 필요에 의해 시작된 학문이다. 호기심으로부터 출발해 상상력을 통해 발전했다. 수학은 우리 생활 속에서 여러 가지 일을 판단하고, 해결할 때 밑바탕이 되는 과목이다. 단순한 계산부터 복잡한 이론까지 수학을 기반으로 이루어진 것들이 많다.

수학 속에는 논리력·사고력·분석력·창의력 등 여러 가지 일을 판단하고 해결해나가는 데 필요한 힘을 담고 있다. 우리는 수학 공부를 통해 앞으로 다가올 상황에 대해 판단하고 해결할 수 있는 능력을 키우기 위한 연습을 하고 있는 것이다. 즉 수학은 문제 풀이만을 위한 공부가 아니라 여러 가지 상황에 대처할 수 있는 해결능력을 키우기 위한 학문이다.

지금 여러분들이 하는 수학 공부는 이러한 힘을 키우기 위한 훈련이고 연습이다. 그래서 수학은 문제해결을 위한 도구로서의 역할을 하는 매우 중요한 과목이라 할 수 있다. 또한 사고력과 창의성을 요구하는 수학 문제들을 다루다보면 자신도 모르는 사이에 집중력과 해결능력이 향상된다. 이러한 능력들은 여러분들의 삶 속에서 다양한 방법으로 표출되고, 변화를 위한 큰 힘이 될 것이다.

수학 성적이 입시 결과를 결정한다

2017년부터 적용되는 〈2015 개정교육과정〉이 발표되었다. 〈2015 개정교육과정〉은 기존의 문과와 이과의 칸막이를 없애고, 미래 사회가 요구하는 인문학적 상상력과 과학기술 창조력을 갖춘 창의융합형 인재 양성을 목표로 하는 교육과정이다. 생각하는 힘, 자연현상과 사회 문제를 통합적으로 탐구하는 능력 등 미래 사회를 살아가는 데 필요한 능력을 키우는 것을 목적으로 한다. 그래서 지식정보처리 역량, 창의적 사고 역량 등 핵심역량을 반영한 교육과정이기도 하다.

교육과정은 교육목표와 내용, 평가 방식까지 포함하는 교육의 큰 그림이다. 그래서 새로운 개정교육과정이 발표되면 바로 이어서 새로운 입시제도를 발표한다. 즉 개정교육과정이 담고 있는 생각들이 입시제도에도 반영된다. 새로운 교육과정은 교과를 공통과목·일반선택·진로선택으로 구분해 선택중심, 과정 중심으로 짜여졌다. 입시에서도 자신의 진로에 따라 교과목을 선택하도록 유도하고 있다. 평가방식도 기존의 상대평가에서 절대평가를 지향한다. 몇 개의 과목이 상대평가에서 절대평가로 바뀌면 다른 과목에 대한 집중도가 커질 수밖에 없다.

실제로 2018년 대학 입시에서 영어 과목이 절대평가로 바뀌며 상대평가과목인 수학·국어·탐구 과목의 집중도가 높아졌다. 그 중에서 수학은 문·이과의 칸막이에서 벗어나기 어려운 과목이고, 대학 입시에서 절대적인 영향력이 있다고 해도 과언이 아니다. 그만큼 수학 과목은 입시에서 비중이 크다.

또한 수학은 다른 과목과 달리 핵심개념과 원리를 이해하지 못하면 다음 단계의 개념들을 이해하고 해결하는 것이 매우 어렵다. 즉 수학은 교과 안에서도 통합적인 학습을 해야 한다. 뿐만 아니라 수학은 다른 과목과도 연계성이 많은 과목이다. 실제로 수능시험 국어 과목에서 수학적인 생각으로 접근해야만 해결전략을 세울 수 있는 지문들이 출제된 적도 있다. 그만큼 현재의 대학 입시에서 수학이 중요하고, 영향력이 크다고 할 수 있다.

수학은 자동차 엔진의 강화제와 같다

수학은 여러분들이 앞으로 어떤 일을 하든 다양한 방식으로 도움이 되는 과목이다. 수학 개념은 단순하게 계산이나 문제 풀이를 위한 것이 아니라, 실생활에서 문제를 파악하고 분석해 해결해나가는 데 바탕이 되는 개념들이다.

우리는 수학을 왜 배우는지 모르겠다고 말하지만, 그건 문제 풀이에만 국한해서 생각하기 때문이다. 문제 풀이는 자신에게 다가올 일이나 상황에 적절하게 대응하는 방법을 연습하는 과정이라고 보면 된다.

앞으로 자신에게 다가올 일이나 상황은 다양하고 또 불확실하다. 수학 문제 풀이를 통해 세밀하게 파악하고 분석해본 경험과 그 과정에서의 몰입과 끈기는 어떤 일이든 최적의 해결방안을 찾는 데 도움을 줄 수 있다. 그만큼 수학은 삶 속에서 다양한 방법으로 문제를 해결할 수 있는 도구와 같은 역할을 한다.

뿐만 아니라 수학은 여러분들의 진로를 선택할 때 기준이 되기도 한다. 문·이과성향을 나눌 때 가장 먼저 고려하는 것이 수학이다. 물론 수학이 모든 진로를 명확하게 판가름해주는 것은 아니지만, 중고등학교 때 결정하는 진로에 영향을 주는 것은 분명하다.

또한 진로선택의 1차적 관문인 대학 입시에서도 중요한 과목이다. 수학 성적은 대학 입시로 가는 자동차 엔진의 성능을 향상시킬 수 있는 강화제 같은 존재다. 수학 성적을 통해 자신이 가지고 있는 자동차 엔진의 출력을 극대화할 수 있다.

자동차 엔진의 출력을 최대로 하면 여러분들은 더 다양하고 많은 곳을 갈 수 있다. 또한 극대화된 자동차 엔진의 출력은 여러분들을 대학 입시로 가는 길을 빠르고 정확하게 안내해줄 것이다. 뿐만 아니라 대학 입시 이후에도 여러분들이 어떤 일을 하든 향상된 자동차 엔진의 출력은 자신감을 갖게 하는 원동력이 된다. 그렇기 때문에 수학 공부는 절대로 포기하면 안 된다.

수학 공부의 명확한
목적과 목표를 세우자

사람은 필요를 느끼지 않으면 절대로 움직이지 않고, 변화되지도 않는다. 수학 공부도 마찬가지다. 자신만의 수학 공부의 명확한 목적과 목표를 세우는 것이 무엇보다 필요하고 중요하다.

사람은 이유 없이 움직이거나 변하지 않는다. 수학 공부도 마찬가지다. 만약 수학을 공부해야 하는 필요성을 찾지 못했다면 책상에 앉아서 공부하는 시간과 노력이 무의미해질 수 있다. 우선 수학 공부에 대한 자신만의 명확한 목적과 목표를 세우는 것이 필요하고 중요하다.

사람들은 명확한 목적과 목표가 있는 일과 그렇지 않은 일을 할 때의 마음이 다르다. 마음가짐에 따라 생각이 달라지고, 구체적인 실천으로 옮길 때 더욱 차이가 난다. 무슨 일을 하든 목적과 목표가 확실하면 세부적인 계획을 세울 수 있고, 구체적인 실천으로 연결할 수 있다. 그러나 목적과 목표가 없다면 구체적인 계획을 세울 수 없을 뿐만 아니라 결국 의미 없는 실행만 하게 된다.

자신만의 목적과 목표가 중요하다

공부라면 더욱 그렇다. 목표와 계획도 없이 무조건 공부만 한다고 해서 좋은 방향으로 연결되기는 어렵다. 운이 좋아 좋은 성적을 얻었다고 해도 지속력이 떨어질 가능성이 높다. 그만큼 자신에게 필요한 공부의 목적과 목표를 바탕으로 계획을 세우는 것이 필요한 이유다.

마치 톱니바퀴가 맞물려 돌아가듯 구체적인 실천은 잘 짜여진 공부 계획을 통해 구동된다. 그래서 수학 공부를 하기 전에 자신만의 목적과 목표를 확실히 세우는 것이 무엇보다 중요하다.

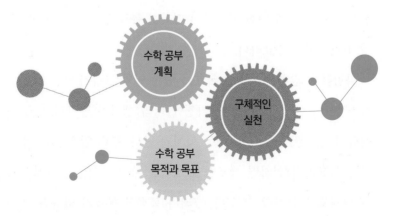

목적과 목표는 공부의 큰 그림이다

어떤 일이든 그 일이 자신에게 필요한 이유를 찾는 것이 중요하다. 구체적인 목적과 목표를 세워야 하기 때문이다. 수학 공부 또한 자신에게 필요한 이유를 고민해 목적을 세워야 한다. 앞에서도 말한 바와 같이 목적과 목표가 있는 것과 그렇지 않은 것은 공부 과정에서 뿐만 아니라 결과에서도 큰 차이가 난다.

목표가 없다는 것은 방향이 없다는 말과 같다. 공부를 하다 보면 목표가 보이기도 하지만, 먼저 목표를 세우고 그 방향으로 나아가는 것과 효율성 면에서 큰 차이가 있다. 수학 공부를 하기 전에 자신의 이해력과 의지력 등을 면밀히 확인해 자신만의 목적과 목표를 세워야 한다. 그것이 공부의 큰 그림을 그리는 방법이다.

예를 들어 자신의 진로가 보안전문가라면, 그에 필요한 수학적 지식을 쌓아야 한다. 현재의 수학 공부를 비롯해 관련 도서 등을 읽으면서 단순하게 문제 풀이를 위한 공부가 아닌, 자신의 진로에 밑바탕이 되는 수학적 지식과 감각 등을 채워 나가야 한다.

그렇게 한다면 수학 공부를 위해 자신에게 필요한 것들이 보일 것이다. 자신의 진로와 관련된 수학지식을 찾아볼 수 있고, 그 지식들을 채워나기기 위해 세부 계획을 세울 수 있다. 고등학교 1학년까지 배우는 수학은 공통 교육과정이므로 기초를 쌓기 위한 필수 내용들이다. 기초를 튼튼히 세우기 위해 필요한 내용들이고, 앞으로 어떤 일을 하든 밑바탕이 되는 지식들이다.

시험을 잘 보기 위한 공부보다는 하나하나의 개념을 정확하게 이해하고, 그 개념들이 확산되어 가는 과정을 살펴봐야 한다. 그러고 나면 구체적인 공부 계획을 세운다. 시험을 잘 보는 것도 중요하지만 자신이 희망하는 관련분야의 기본지식을 쌓아가기 위한 진정한 공부가 더 필요하다.

수학 공부의 명확한 목적과 목표는 무엇일까?

나는 수학 공부의 목적이 수학적 감각을 키우는 것이라 생각한다. 수학적 감각은 단순하게 문제를 풀기 위한 수학지식만을 의미하는 것이 아니라 수학적으로 생각해 다양한 문제를 해결할 수 있는 힘을 말한다. 목적이 세워지면 구체적인 생각을 담아 목표를 세울 수 있다.

학생들이 수학을 공부하는 이유는 무엇일까? 대학 진학이라는 목표를 포함해 학생마다 다를 수 있다. 그러나 학교에서 학생들에게 수학 공부의 목적과 목표를 물으면 "수학 성적을 잘 받으려고"나 "좋은 대학에 들어가려고"라고 말한다. 대부분 학생의 답변은 거의 똑같다.

목적지를 향한 항해를 위해서 우리는 항구에 도달하기 위해 배를 선택하고, 항로를 결정하고, 선원을 준비해 출항을 한다. 그리고 항해하며 많은 어려움을 이겨내고, 항구에 도달하면 우리의 항해는 드디어 끝이 난다. 만약 수학 공부의 목적이 대학 진학이라면, 대학이라는 항구에 도달하는 즉시 우리의 수학 공부도 끝나야 한다. 그러나 대학에 들어가서도, 사회에 나가서도 수학적인 생각은 더 필요하다.

그래서 우리들의 여행은 대학이나 직장에 들어가서도 계속된다. 그때의 수학은 시험을 위한 문제 풀이가 아니다. 수학적인 생각과 개념을 통해 어떤 일이나 상황, 현상에 접근해 논리적으로 사고하고 분석을 해야 할 때가 많다. 우리는 삶 속에서 수학과 함께 여행을 하고 있는 것이다.

교육과정 속의 수학 과목의 성격과 목표

좀더 구체적으로 자신의 공부 목적과 목표를 세우기 위해, 교육부가 발표한 수학 과목의 성격과 목표에 대해 알아보자. 다음 내용을 확인하고 자신만의 목표를 세워보자.

성격 ◆ 수학교과는 수학의 개념·원리·법칙을 이해하고 기능을 습득해 주변의 여러 가지 현상을 수학적으로 관찰하고 해석하며 논리적으로 사고하고 합리적으로 문제를 해결하는 능력과 태도를 기르는 교과다. 수학은 오랜 역사를 통해 인류 문명 발전의 원동력이 되었고, 세계화·정보화가 가속화되는 미래 사회의 구성원에게 필수적인 역량을 제공한다. 수학 학습을 통해 학생들은 수학의 규칙성과 구조의 아름다움을 음미할 수 있고, 수학의 지식과 기능을 활용해 수학 문제뿐만 아니라 실생활과 다른 교과의 문제를 창의적으로 해결할 수 있으며, 나아가 세계 공동체의 시민으로서 갖춰야 할 합리적 의사 결정 능력과 민주적 소통 능력을 함양할 수 있다.

목표 ◆ 수학의 개념·원리·법칙을 이해하고 기능을 습득하며 수학적으로 추론하고 의사소통하는 능력을 길러, 생활 주변과 사회 및 자연 현상을 수학적으로 이해하고 문제를 합리적이고 창의적으로 해결하며, 수학 학습자로서 바람직한 태도와 실천 능력을 기른다.

수학 과목의 성격과 목표에서 문제에 대한 창의적인 해결과 소통능력, 실천능력에 초점을 맞추고 있다는 것을 확인할 수 있다. 따라서 우리는 좀더 넓은 의미의 수학 공부 이유를 확인하고, 자신만의 목적과 목표를 마련해 공부의 방향을 잡아야 한다.

- 수학 개념
- 원리
- 법칙 이해
- 기능 습득

- 여러 가지 현상 관찰
- 해석
- 논리적 사고 최적화
- 해결

- 창의적인 접근
- 생각
- 상상력의 표현
- 수학적 감각

수학 공부의 시작

수학 공부를 시작하기 전에
준비해야 할 것들

공부란 나의 부족함을 찾고 채워나가는 과정이다. 공부 계획을 세우기 전에 스스로 수학에 대해 어떻게 생각하고, 무엇이 부족하고, 무엇이 필요한지 구체적으로 정리하는 과정이 꼭 필요하다.

수학 공부의 목적과 목표가 세워졌다면 제대로 된 방향을 잡은 것이다. 이젠 수학 공부를 할 때 구체적으로 자신에게 필요한 것이 무엇인지를 찾아야 한다. 필요한 것은 자신의 부족함과 관련이 있다. 스스로가 수학에 대해 어떻게 생각하고 있는지, 부족한 것이 무엇이며, 어떤 것들이 필요한지를 구체적으로 정리해보자. 실제적인 수학 공부 계획을 세울 때 필요한 요소들이 될 것이다.

학년 초에 수업을 시작할 때 가장 먼저 수학 수업의 방향과 학생 상담을 위한 간단한 설문조사를 한다. 간단한 내용의 설문이지만 이것을 통해서 학생들은 수동적으로 받기만 했던 수학 수업에 대한 자신의 태도를 성찰해보고 표현하며 발표해보는 시간이 된다.

많은 학생을 상대로 수업을 하다 보니, 학생 개인의 수학에 대한 생각이나 수업의 장단점을 파악하기가 어려웠다. 그래서 학생들이 원하는 부분들을 수업에 반영하기 위해 설문을 시작하게 되었다. 설문지는 학생들에 대해 평소에 알고 싶었던 질문을 담아 간단하게 만들었다. 간단한 질문이지만 학생들은 호기심을 가지고 자신의 생각을 개성 있게 표현했다. 설문지의 세 가지 질문은 다음과 같다.

---

1. 나에게 수학이란 (   )이다. 왜냐하면 (   )이기 때문이다.
2. 수학을 좋아하나요? (0점~10점으로 표시)
   그 이유는 무엇인가요?
3. 수학을 잘하기 위해서 필요한 것은 무엇이라고 생각하나요?

나에게 수학이란 (   )이다. 왜냐하면 (   )이기 때문이다

수학을 어떻게 생각하는지 설문조사를 해보면, 학생들은 다양한 반응을 보인다. 긍정적인 생각을 담아 수학의 의미를 표현하는 학생들도 있고, 부정적인 생각으로 표현하는 학생들도 있다.

첫 수업에서 설문조사를 하는 이유는 학생들의 생각을 엿보기 위한 것이다. 학생들이 가지고 있는 기본적인 생각이 수학 공부의 방향과 향상에 큰 역할을 하기 때문이다.

한 예로 수학 성적이 좋은 학생이 있었다. 그런데 그 학생은 설문조사에서 수학에 대해 '살얼음, 언제 깨질지 모르는 불안한 것'이라 대답하면서 많은 불안감을 나타냈다. 또한 수학에 대해 부정적인 생각을 가지고 있었고, 자신에게 필요한 것은 '더 많은 수학 문제를 풀어야 한다'고 대답했다. 수학 공부 자체가 부담감과 불안감으로 가득찬 학생이었다.

생각과 마음에 따라 행동도 뒤따르기 마련이다. 부담감과 불안감 같은 부정적인 생각을 가지고 있다면 점점 더 그 강도가 커질 가능성이 많다. 또한 부정적인 생각을 하면 공부하고자 하는 마음이나 의욕마저 없어지게 된다. 그래서 수학을 공부할 때 우선 부정적인 생각을 없애고, 긍정적인 생각들로 마음을 채우는 것이 중요하다.

성적과 상관없이 부정적인 생각을 많이 가지고 있는 학생들은 학년이 올라갈수록 공부에 대한 흥미와 관심을 잃으면서 수포자가 되는 경우가 많다. 그렇기 때문에 어릴 때부터 지식 위주의 공부가 아닌 흥미와 재미를 통해 개념을 익힐 수 있는 수학 공부로, 긍정적인 생각과 함께 수학 공부 속에서 즐거움을 찾는 것이 무엇보다 중요하다.

학생들이 설문조사에서 자신들이 생각하는 수학이란 교과가 무엇인지, 왜 그렇게 생각하는지에 대해 작성한 것 중에 긍정적인 것과 부정적인 것을 나누어 정리해보았다.

◆ 긍정적인 것 ◆

- 혈액 : 혈액과 같이 수학이 몸에서 순환되어야 잘 할 수 있기 때문
- 책 : 일반적인 사고와 개인적인 생각에 영향을 주기 때문
- 큐브 : 많이 생각해야 하고 딱 맞아떨어져야 풀리기 때문
- 길 : 수학을 배워야 앞으로 갈 수 있기 때문
- 물 : 꼭 필요하기 때문
- 성장기 : 살면서 피해갈 수 없기 때문
- 퍼즐 : 맞추긴 어렵지만 맞히면 쾌감이 느껴지기 때문
- 디딤돌 : 앞으로 나의 진로에 많은 도움을 줄 수 있는 과목이기 때문
- 적금통장 : 나중에 쓰일 것을 기대하며 지금 열심히 쌓기 때문
- 즐거움 : 시험은 그때그때마다 다르지만 도형 등이 재미있기 때문
- 도구 : 수학을 잘하면 여러 곳에 편리하게 사용할 수 있기 때문
- 건강 : 꾸준히 관리해야 하기 때문
- 커피 : 처음 맛볼 때는 쓰지만 먹으면 먹을수록 빠져들기 때문
- 연필 : 수학은 나의 지식을 쓰는 것에 도움을 주기 때문
- 건물 : 기초에 따라 무너지기도 하고 멋진 건물도 되기 때문
- 등산 : 열심히 하면 정상에 오른 듯한 성취감이 생기기 때문
- 대회 : 수학이란 대회에서 우승하면 대학과 회사라는 보상이 있기 때문
- 미래 : 수학을 잘하면 미래가 더 좋아질 것이기 때문
- 기적의 논리 : 불가능한 것도 가능하게 만들어버리는 학문이기 때문
- 도전정신 : 모든 문제가 도전해야 풀리기 때문
- 언어 : 다양하게 계속 배워야 하기 때문

- 스트레스 : 실수를 하나만 해도 틀리기 때문
- 지우개 가루 : 다 버리고 싶기 때문
- 유리의 금 : 유리가 깨지는 것처럼 언제 수학을 싫어할지 모르기 때문
- 칫솔 : 다 닦아버리고 싶기 때문
- 바닥에 떨어져 있는 레고 : 레고를 밟은 것처럼 고통스럽기 때문
- 망각 : 배우면 까먹기 때문
- 그림의 떡 : 풀고 싶은 문제가 있어도 풀기 어렵기 때문
- 시험 : 시험만 생각나기 때문
- 직업 : 힘든 일이 있어도 계속해야 하기 때문
- 전쟁 : 수학 문제를 풀 때 전쟁같이 힘들기 때문
- 함정 : 수학 문제 속에는 함정이 있기 때문
- 뿅망치 : 그냥 맞으면 아프지 않지만 잘못 맞으면 고통스럽기 때문
- 지옥 : 수학 문제 풀기가 괴롭기 때문
- 수면제 : 수학 공부만 하면 졸리기 때문
- 지겨움 : 수학 문제 풀기가 지루하기 때문
- 가장 많이 할 공부 : 고등학교 수학까지 선행을 해야 하기 때문
- 두꺼운 책 : 처음에는 흥미롭지만 계속 읽으면 점점 지루해지기 때문
- 사칙연산 : 나중에는 사칙연산을 제외하고 거의 쓸모가 없기 때문
- 미로 : 어지럽고 알기 힘들기 때문
- 그냥 싫은 존재 : 그냥 싫기 때문
- 키 : 아직 많이 성장할 것이라 믿지만 현실은 자라지 않기 때문
- 그냥 과목 : 학교에서만 배우고 쓸데없기 때문
- 태양 : 나랑 거리가 너무 멀기 때문
- 필수 : 수학을 못하면 미래가 불확실해지기 때문
- 외국어 : 듣거나 읽을 때 무슨 뜻인지 이해가 안 되기 때문
- 촛농이 남지 않은 촛불 : 막상 불이 붙으면 잘 타지만 그만큼 빨리 녹아 없어지기 때문

수학 공부에서 변화의 첫걸음

많은 학생이 수학을 공부해야 하는 것은 싫지만 대학을 위해, 미래를 위해 어쩔 수 없이 공부를 한다고 대답한다. 아예 심각할 정도로 수학을 싫어하고 부정적인 생각으로 가득찬 학생들도 많다. 그만큼 학생들이 생각하는 수학은 즐거움보다 괴로움에 가깝다고 할 수 있다.

그러나 설문조사에서 20% 정도의 학생들은 수학 공부가 즐겁다고 말한다. 이 학생들은 왜 수학을 좋아하는지, 어떻게 수학 공부를 즐겁게 하고 있는지를 확인해보았다.

수학을 좋아하고 즐겁게 하는 학생들의 대부분은 수학 성적이 좋다. 이는 당연한 것이다.

반면에 성적이 좋지 않아도 수학을 좋아하고 공부하는 것이 즐겁다고 말하는 학생들도 있다. 이 학생들의 대부분은 생각하는 것을 좋아한다는 공통점이 있다. 수학 개념을 보고 '왜 그럴까'라는 생각을 많이 한다는 것이다. 이 학생들은 수학을 자신의 것으로 만드는 데 다소 오랜 시간이 걸리지만 대부분은 수학에 대해 긍정적인 생각을 가지고 수학 문제를 마치 퍼즐처럼 고민하고 생각해야 풀리는 문제라고 여긴다. 또한 수학 문제를 해결해나가는 과정을 하나의 도전이라 생각한다.

그 속에서 즐거움을 느끼고, 해결했을 때의 모습을 상상하고 그려본다. 공부할 때도 문제 풀이보다는 하나하나의 개념에 대해 생각하고 고민해 자신의 것으로 만들려는 노력을 많이 한다. 이러한 과정들을 노트에 잘 정리하고 있는 경우가 많다. 다만 성적과 연결되어 더 높은 성취도가 나오지 않는 것은 평가에 대한 연습이 부족하기 때문이다.

당연한 것이지만 수학 공부에서 변화의 첫걸음은 수학에 대한 학생 스스로의 생각이다. 긍정적인 생각을 가지고 있는 경우, 더 많이 변화될 수 있는 가능성이 있다. 부정적인 생각을 가지고 공부해나가는 것은 지금 당장보다 앞으로의 변화에 많은 문제점이 생길 수 있다.

수학을 잘하는 학생들은 대부분 수학 과목이 가지고 있는 논리성·창의성 등 긍정적인 면을 많이 바라본다. 긍정적인 생각을 하면서 공부하는 동안에도 스스로 즐거움을 찾으려고 노력한다. 그렇기 때문에 '수학 공부를 통해 긍정적으로 변화할 수 있느냐'는 학생 자신의 생각이 절대적이라 할 수 있다.

설문조사에서 현재 수학 과목에 대한 관심과 흥미를 0부터 10까지의 숫자로 나타내보라고 했다. 거의 90% 정도의 학생들은 5점 이하의 점수를 스스로 부여했다. 그 중에는 수학 성적이 좋은 학생도 있었다. 성적이 좋지 않으면 성적 때문에 수학이 싫고, 성적이 좋으면 계속 공부해야 하기 때문에 싫다는 것이다.

수학에 대한 관심이나 흥미보다는 평가의 결과에 따라 좋고 싫음이 결정되는 현실이다. 게다가 성적이 좋은 학생들도 거부감이 많은 과목이 수학이다. 학생들은 그 이유가 시험 때문이라고 말한다.

설문 내용의 마지막은 수학 성적을 높이기 위해 자신에게 필요한 것이 무엇인지에 대한 것이다. 자신의 부족함을 찾고, 그 부족함을 채워나가기 위해 필요한 것이 무엇인지를 알아보기 위함이다. 이것을 통해 공부 계획을 설계하고, 구체적으로 실천해나갈 수 있다.

다음은 학생들이 수학 공부에서 자신에게 필요한 것들을 기록한 것이다. 대부분의 학생은 수학 공부를 성적으로만 이야기한다. 즉 더 많은 문제를 풀이해서 좋은 성적을 얻고 싶다는 것이다.

- 기본적인 계산과정에서 실수를 줄이는 것
- 답지를 보고 풀지 않는 것
- 포기하지 않고 계속 도전
- 노트 정리를 철저하게 하는 것
- 문제를 풀 때 좀더 곰곰이 생각하고, 잘 모른다고 포기하지 않는 것
- 기본적인 개념을 잘 이해한 후에 많은 문제를 풀이하는 것
- 수업시간에 집중하는 것
- 개념부터 탄탄하게 익히고, 문제 풀이에 도전할 것
- 자신이 배운 내용을 철저하게 정리하고, 틀린 문제는 오답노트를 통해 정리를 잘 해놓을 것

- 수학 문제를 많이 풀이하는 것도 중요하지만 수학 관련 서적이나 자료들을 찾아보면서 깊이 있는 공부를 할 것
- 개념공부를 더 철저하게 하고, 여러 가지 유형의 문제들을 풀이해볼 것
- 예습·복습을 집중해서 철저하게 할 것
- 최대한 많은 양의 문제를 풀이해볼 것
- 모르는 문제가 생겼을 때 가능하면 혼자서 해결하려고 노력하는 것
- 식을 꼼꼼히 쓰는 것, 공식을 확실히 아는 것
- 효율적으로 푸는 연습을 하는 것
- 목표를 설정하고 달성하려고 노력하는 것
- 한 문제에 매달리는 끈기를 더 키울 것
- 이해력·창의력·논리력을 기르는 것
- 한 번 계산할 때 정확히 하는 것
- 더 열심히 고민하고 더욱 열심히 생각할 것

　　어쨌든 첫 수업에서의 설문조사는 학생들이 수학 과목에 대해 가지고 있는 생각을 알아보고, 그것을 통해 부족한 점을 확인해 수업 계획을 세우기 위함이다. 여러분들도 공부를 하기 전에 계획을 먼저 세워야 한다. 계획을 세우기 위해서는 자신의 생각과 과목에 대한 이해도를 확인해야 한다.

　　노트를 펴놓고, 수학 공부에 대한 자신의 생각과 이해도, 부족함을 써보자. 하나의 단어라도 상관없고, 긴 글이라도 상관없다. 최대한 객관적인 입장에서 스스로를 관찰하는 것이 중요하다. 만약 수학 공부에 대해 부정적인 생각들을 가지고 있다면 그 이유부터 찾아봐야 한다.

스스로 찾는 것이 어렵다면 선생님이나 친구들을 통해서 찾으려는 노력을 해야 한다. 무엇을 하든 자신의 생각이 가장 중요하고, 자신에게 집중해야 하기 때문이다.

학생들은 수업을 통해 부정적인 생각들이 점차 긍정적인 생각들로 변하기도 하고, 그렇지 않은 경우도 있다. 좋은 방향으로 변화되는 학생들의 대부분은 자신에게 집중해 부족함을 찾고, 그 부족함을 채워나가기 위한 노력을 꾸준히 한다.

수학을 잘하는 학생들의
일곱 가지 공통점

수학을 잘하는 학생들에게 모두 특별한 이해력과 능력이 있는 것은 아니다. 수학을 잘하는 학생들의 공통점을 살펴보면 특별한 재능이 있기보다는 성실함·꾸준함·집중력을 가지고 있다.

수학을 잘하는 학생들은 모두 특별한 재능보다 성실함과 꾸준함, 집중력 등을 가지고 있는 경우가 많다. 또한 자신의 공부한 것을 정리해 부족함을 찾고, 이를 채워나가기 위한 계획을 잘 세운다. 수학을 잘하는 학생들의 특징을 통해 자신을 점검해보고, 자신만의 수학 공부 계획을 찾길 바란다.

　사람들은 대개 수학을 잘하는 학생들이 타고난 수학적 이해력과 능력을 갖고 있거나 어릴 때부터 많은 선행학습을 했기 때문이라 생각한다. 그러나 현직에서 학생들을 가르치다보면 대부분의 학생들은 중고등학교 수학 공부를 할 때 필요한 정도의 지적능력과 사고력을 충분히 가지고 있다. 또한 미리 선행학습을 하고 오는 학생들도 그런 통념대로라면 수학을 잘해야 한다. 하지만 상담을 하다보면 많은 학생이 선행학습을 했음에도 불구하고 수학 공부를 힘들어한다는 것을 알게 된다.

많은 경험을 통해 알게 된 점은 타고난 지적 능력과 선행학습이 절대적이지 않고, 수학은 공부를 하는 태도와 습관에 따라 얼마든지 잘할 수 있고, 좋은 성과도 거둘 수 있다는 것이다. 교사로서 학생들을 가르치면서 수학을 좋아하고 잘하는 아이들의 공통점을 찾아보았다. 많은 것들이 있겠지만 주로 나타나는 공통점들을 정리해보았다.

공통점 ❶ 수업시간에 능동적이고 적극적이다

신학기가 되어 새로운 학생들과 수학 수업을 하다보면 유난히 눈을 반짝이면서 적극적으로 수업내용을 열심히 듣는 학생들이 있다. 이런 학생들은 수업내용을 열심히 들을 뿐만 아니라 어려운 개념이 있으면 반드시 질문을 해서 자신의 것으로 완전히 이해하려고 노력한다.

이렇게 적극적인 학생들을 보면 나 또한 수업이 즐겁고 더 많은 것을 주고 싶은 생각이 든다. 수업은 더욱더 재미있어지고, 학생과 교사 간에 신뢰관계가 형성되기 때문이다. 그 학생에 대한 지식이 없더라도 경험에 의하면 이런 학생의 성적이 좋을 것이라고 누구나 예측할 수 있을 것이다. 그만큼 적극적인 수업태도는 좋은 결과로 연결된다.

설사 내가 수학에 자신이 없다고 하더라도 선생님과 눈을 맞추고 적극적으로 수업에 참여해보자. 그것만으로도 기대 이상의 좋은 결과를 얻을 수 있을 것이다.

공통점 ❷ 집중력이 뛰어나다

수학을 비롯해서 무엇을 공부하든 성적이 높은 학생들은 높은 집중력을 가지고 있다는 사실을 누구나 잘 알 것이다. 집중력은 몰입하는 힘이다. 특히 수학 공부는 다른 공부와 달리 짧은 시간 안에 많은 에너지가 필요하다. 수학 공부만 몇 시간씩 지속한다고 해서 좋은 효과를 얻는 것이 아니다.

집중할 수 있는 시간과 적절히 뇌를 쉬게 하는 시간도 필요하다. 우리는 시험시간에 많은 문제를 빠르고 정확하게 풀 수 있으면 되는 것이다. 수학을 잘하는 학생들은 이런 집중력 훈련이 몸에 잘 배어 있는 학생들이다.

우리도 이러한 집중력 향상 훈련을 통해 좋은 효과를 얻을 수 있다. 일정시간을 정해놓고 자신의 능력을 총동원해 몰입해서 되도록 많은 문제를 정확하게 풀이하는 연습을 해보자. 그 시간이 지나면 펜을 놓아야 한다. 그리고 내가 얼마나 많은 문제를 풀고 정답을 찾아냈는지 확인해보자. 분명 처음부터 많은 문제를 정확하게 풀지는 못할 것이다. 그러나 이렇게 몰입하는 훈련을 계속하다보면 짧은 시간 안에 많은 문제를 풀이할 수 있는 능력이 향상된다.

주의할 것은 '몇 시간이 걸리더라도 몇 문제를 풀어야지'라고 목표를 정하면 안 된다. 이러한 방법은 몰입하는 힘에 도움이 되지 않는다. 몰입 훈련 후에 풀이하지 못했던 문제들은 따로 끈기를 가지고 풀어보는 것이 필요하지만 집중력 향상을 위해서는 일정시간 안에 해결하는 훈련이 필요하다.

공통점 ❸ 정확한 수학 개념을 이해하고 있다

외국에 가서 사람들의 말을 이해하고 자신의 생각을 표현하려면 언어를 먼저 배워야 한다. 언어를 알아야 상대방이 무슨 말을 하는지 알 수 있고, 상대방이 이해하는 말로 대답할 수 있기 때문이다. 수학에도 용어와 개념, 기호 등 수학 언어가 있다. 우리말로 이루어진 수학 문제지만 용어와 개념을 정확하게 이해하지 못하면 어떤 문제인지 파악하기 어렵다.

요즘은 사교육을 통한 선행학습이 일반적이다. 그런데 이러한 사교육의 목적은 많은 문제를 풀어서 수학 성적을 높이는 데만 집중되어 있다. 짧은 시간에 많은 문제를 풀다보니 학생들은 새로운 개념을 이해하는 데 충분한 시간을 갖지 못한다. 그래서 학교에서 수업을 할 때 자신이 이미 배운 내용이라고 생각해 개념을 꼼꼼하게 공부하지 않는다.

그러나 이런 개념은 수학 공부의 중요한 중심축이 된다. 이 중심축이 온전하지 않으면 개념이 주는 많은 정보를 활용할 수 없게 된다. 사실 수학 문제는 개념만 확실하게 알아도 문제의 핵심과 풀이 방향을 파악할 수 있다.

수학 성적이 좋은 학생들은 정확한 개념 이해로 문제를 파악하고, 가장 적절한 풀이 방법을 활용해 답을 찾아낸다. 만약 내가 문제를 읽고 어떤 수학 공식들을 사용해야 하는지 찾는 것이 어렵다면 우선 정확한 개념들을 다시 한 번 확인해야 한다.

공통점 ④   직관력과 통찰력이 뛰어나다

뛰어난 축구선수가 경기 중에 예측하지 못한 여러 가지 상황에서 생각할 시간 없이 즉각적으로 몸이 먼저 반응하는 것처럼, 수학을 잘하는 학생들은 주어진 문제를 보고 과정 없이 바로 해답을 찾아내는 경우가 있다.

실제로 어려운 창의력 문제나 수학 문제를 풀어보라고 제시했을 때 남들보다 빠르게 바로 정답을 이야기하는 학생들이 간혹 있다. 너무 어려워서 바로 답을 찾지 못할 거라고 예상하고 낸 문제를 너무나도 쉽게 찾아내는 것이다. 당황하며 어떤 방식으로 답을 찾아냈는지 물어보면 학생의 답은 엉뚱하다. "그 문제는 그 답밖에 나올 수 없는데요."

그 학생은 공부를 못하는 학생이 아니다. 수학을 꽤 잘하는 학생이다. 이미 이 학생은 수학적인 논리와 지식, 감각이 통찰력으로 표출된 것이다. 누구나 이런 감각을 부러워할 것이다. 이 학생이 원래부터 이런 감각이 있었을까? 아니다.

수학적 직관력과 통찰력이 뛰어난 학생들은 대부분 수학을 좋아하고, 수학에 대한 호기심을 가지고, 많은 문제를 자신의 방식으로 풀이하면서 수학적 감각이 생겨난 것이다. 즉 수학적 직관력과 통찰력이 '생겨난' 것이다. 이런 감각이 생기면 어떤 문제든 당황하지 않고 머릿속으로 떠올리면서 가장 적합한 방식으로 답을 찾아나간다.

이러한 직관력과 통찰력은 당장 짧은 시간 안에 많은 문제를 풀어야 하는 시험시간에 강력한 힘이 될 뿐만 아니라 다른 분야에서도 활용할 수 있는 확장성을 가지고 있다는 것이 장점이다. 어떤 문제든 그 속에 숨어있는 출제의도를 파악하는 것이 중요하다. 이런 능력을 가진 학생들은 문제의 출제의도를 파악하는 것뿐만 아니라 자신의 모든 지식을 적재적소에 활용하는 것이 자유롭게 된다.

공통점 ❺ 자신만의 풀이 방법을 활용한다

문제를 해결하는 방법은 다양하다. 수학시간에 교과학습과 퍼즐 문제를 풀이하면서 혹은 시험을 보면서 독특한 방법으로 풀이를 시도하는 학생들을 가끔씩 본다.

독특한 방법으로 풀이하는 것이 항상 최선의 풀이는 아니지만, 독특한 방법 속에 새롭고 창의적인 생각들이 포함되어 있을 때가 있다. 그래서 이러한 독특한 방법이 처음에는 효율적이지 않을 수 있지만 문제 풀이의 여러 가지 풀이 방법 중 한 가지를 더 알고 있다는 것만으로도 긍정적이다.

문제를 풀이할 때 누구나 똑같은 과정일 필요는 없다. 자신이 가장 잘 활용하고 좋고 편리한 방법을 선택해서 문제 풀이를 한다면 더 효율적일 것이다. 그래서 수학 성적이 좋은 학생들은 여러 문제 풀이 방법을 알고는 있지만 주로 사용하는 자신만의 풀이 방법이 있다.

대부분의 학생은 일반적으로 모범답안에서 알려주는 방식으로만 문제를 풀이하다보니 기능적인 문제 풀이에만 집중한다. 생각 없이 기계적으로 주어진 문제의 풀이 과정과 정답까지 외워나가는 방식으로 공부하는 것이다.

물론 수학 공부에서 다양한 문제 풀이를 하는 것은 중요하다. 그러나 자신이 더 잘할 수 있는 방식을 찾아내고 활용한다면 더 효율적이고 정확한 해결을 할 수 있을 것이다.

공통점 ❻ 질문과 노트 정리를 잘한다

학생들의 질문하는 태도나 노트만 봐도 수학을 잘하는지 못하는지 단박에 알아차릴 수 있다. 물론 질문을 많이 한다고 해서 그 학생이 수업에 대한 남다른 관심이 있는 것이 아니고, 노트 필기가 깔끔하다고 해서 성적이 좋은 것은 아니다. 그러나 수학을 잘하는 학생들의 공통점은 자신이 무엇을 알고 무엇을 모르는지 파악해 정확히 필요한 질문을 한다는 것이다. 또한 자신만의 개념 정리 노트와 오답노트를 잘 활용한다는 것이다.

대부분의 학생은 깊이 생각하지 않고 당장 문제가 풀리지 않으면 즉각적으로 질문한다. 이런 단순한 질문들은 깊은 고민과 노력 없이 나온 것이기 때문에 아무리 좋은 풀이 방법을 설명해줘도 금세 잊기 마련이다.

반면에 스스로 문제를 해결하기 위해 노력하고 고민한 학생의 질문은 다르다. 자신이 어디까지 알고 있고, 어느 부분에서 이해가 되지 않는지를 명확하게 알고 질문을 한다. 그래서 필요한 부분을 설명해줬을 때 이 학생은 그것을 잊지 않고 자기 것으로 만든다. 이렇게 좋은 질문을 많이 해서 얻은 수학적 지식은 그 활용도가 지극히 높다.

또한 노트필기도 무조건 선생님이 가르쳐주는 모든 것을 받아 적는다고 해서 효과가 있는 것은 아니다. 적은 것은 분류해 개념 정리와 중요도에 따른 자신만의 표기를 명확히 하며, 시각적으로 자신이 보기 좋도록 기록해야 한다. 또한 오답노트의 활용도 굉장히 중요하다.

질문이 내 머릿속에서 펼쳐진 것이라면, 노트필기는 시각적으로 정리해놓은 자료다. 따라서 좋은 질문과 노트필기를 잘 활용한다면 반드시 좋은 결과가 있을 것이다.

공통점 ❼   퍼즐 문제를 좋아한다

수업시간에 가끔 학생들에게 퍼즐 문제를 소개해줄 때가 있다. 이때 눈을 반짝이며 흥미와 관심을 보이는 학생들이 있다. 이 학생들의 대부분은 수학 성적이 좋게 나타난다. 그런데 수학 성적이 좋지 않은데도 퍼즐 문제에 관심을 보이는 학생들도 있었다.

퍼즐은 단순함 속에 수학적 논리력 뿐만 아니라 새로운 발상으로 맞춰야 하는 문제들이 대부분이다. 이렇게 수학과 퍼즐은 자신의 논리력과 지식을 총동원해 짧은 시간에 통합적으로 관찰하고 최적의 방법을 찾아내야 하는 공통점이 있다. 따라서 수학을 잘하는 학생들이 퍼즐 문제를 잘 푸는 것은 어쩌면 당연한 일이다.

그런데 수학 성적은 별로 좋지 않지만 퍼즐 문제에 관심을 보이는 학생들은 어떤 이유 때문일까? 오랜 시간 이런 학생들을 관찰하다보니 이 학생의 대부분은 단지 수학 공부의 대한 노력이 부족할 뿐이었다. 자신만의 논리력과 지식을 활용해 문제를 푸는 것을 매우 즐거워했고, 퍼즐을 통해 수학적 즐거움을 맛본 학생들은 점차 수학 공부에도 관심을 가지게 되었다. 결국에는 수학 성적도 향상되는 효과가 나타났다. 아직 수학 공부에 흥미와 재미를 느끼지 못했다면 퍼즐 문제 풀이에 도전해보자.

수학을 잘하는 학생과
못하는 학생의 차이

끌려가듯이 하는 공부는 자신의 것이 아니다. 자신에게 가장 잘 어울리는 공부법이 필요하다. 자신만의 수학 공부법을 찾으려는 노력이 수학적 감각을 키우는 데 절대적으로 영향을 준다.

우리는 수학을 잘하는 학생들은 머리가 좋거나 수학적 재능을 타고났다고 생각한다. 수학적 재능이 없다면 끊임없이 많은 노력을 해야 한다고 말하면서, 공부에서 가장 필요한 것이 노력이라고만 생각한다.

그러나 수학 공부에 많은 시간을 투자해 노력을 했는데도 잘하기는커녕 더 힘들어하는 학생들도 많다. 반면 수학적 재능이 뛰어나지 않음에도 불구하고 적당한 시간과 노력만으로도 좋은 결과를 얻는 학생들이 있다.

수학적 재능이 뛰어난 학생들은 개념을 잘 이해하고 문제 풀이에 적용하고 활용하는 능력이 뛰어나 문제해결력이 전반적으로 좋다. 여기서는 수학적 재능과 노력을 모두 가지고 있는 학생들을 이야기하는 것이 아니다.

단순하게 능력의 차이만은 아니다

똑같은 상황인데, 어떤 학생은 수학 성적이 좋고, 어떤 학생은 수학 성적이 나쁘다. 그 이유가 단순하게 능력의 차이만은 아니다. 왜냐하면 머리가 좋은 학생들도 수학 성적이 나쁜 경우가 있고, 공부에 많은 시간을 투자하고 노력한 학생들도 성적이 나쁜 경우가 많기 때문이다.

지금까지 가르쳤던 많은 학생의 공부하는 모습을 보면서 알게 된 것이 있다. 그것은 바로 자신의 공부 방법이 있느냐 없느냐의 차이였다. 대부분 수학 성적이 좋은 학생들은 자신의 공부 방법이 있었다. 머리가 좋아 수학적 재능이 뛰어난 학생들은 간단하게 개념 정리를 보고, 문제 풀이를 하고, 수학 개념을 정리하면서 문제의 패턴까지 기억했다. 그러면서 자신만의 수학 공부법을 찾아갔다. 꾸준하고 성실하게 수학 공부를 해서 좋은 결과를 얻은 학생들도 각자 다른 모습이지만 자신만의 공부 방법이 있었다.

결국 수학 성적이 좋은 학생들은 자신만의 공부 방법을 가지고 있다. 학생들의 능력치와 노력 정도가 모두 다른 만큼 자신만의 공부 방법도 남들과 달라야 한다. 어떤 방법이 가장 좋은 방법이라 말할 수도 없다. 어차피 자신만의 공부 방법은 자신에게 가장 효과적인 방법이기 때문이다. 그러나 그러한 방법이 있는 학생과 없는 학생들의 결과는 엄청난 차이가 난다.

자신만의 공부 방법을 찾아라

대개 자신만의 공부 방법이 없는 학생들은 공부 방법을 모르는 것이다. 어떤 방식으로 공부를 했을 때 자신의 능력을 최대치로 발휘할 수 있는지를 모르는 것이다. 그냥 다른 사람들이 좋다고 하는 방식을 그대로 따라가기만 한다. 그 방법이 자신에게 어울리지도 않고, 효과적이지도 않은데도 말이다.

효율적인 공부법이라고 흔히 말하는 것이 누구에게나 어울리는 것은 아니다. 자신에게 잘 어울리는 공부법을 찾는 것은 중요하다. 이는 스스로의 몫이다. 직접 몰입하고, 실행에 옮겨봄으로써 자신에게 어울리는 방법인지를 확인해봐야 한다. 자신만의 공부법은 한두 번 해보고 만들어지는 것이 아니라, 여러 번 해보고 실패를 통해 얻어지는 것이다.

나에게 가장 잘 어울리는 옷을 찾으려면 많은 옷을 입어봐야 한다. 나의 체형에 어울리는 디자인, 나의 피부색에 어울리는 색감 등 여러 번의 시행착오를 걸쳐 가장 잘 어울리는 옷을 찾을 수 있다. 그 옷이 값비싼 옷이 아니라도 상관없다. 자신에게 잘 어울리는 옷이 최고의 옷이기 때문이다.

마찬가지로 만약 수학 공부를 열심히 한다고 생각하는데 결과가 좋지 않다면, 아주 특별한 공부법이 아니라도 자신에게 가장 잘 어울리는 수학 공부법을 찾아야 한다. 자신만의 수학 공부법이 있다면 수학을 잘할 가능성이 매우 높기 때문이다. 이 책에 수학을 잘하는 학생들의 방법을 몇 가지 소개했다. 자신만의 공부법이 없어 수학을 어려워했던 학생들이 변해나가기 위해 자신만의 공부법을 찾아나갔던 사례 또한 수록했다.

여러분들도 꼭 명심해야 할 점은 누군가가 만들어놓은 방법이 아닌, 자신의 수학 공부법이 있어야 잘할 수 있는 가능성이 높다는 것이다. 여러분들도 자신의 수학 공부법을 찾고, 그 방법대로 꾸준히 공부하면서 장단점을 파악해보자. 그럼 자신에게 가장 잘 어울리는 수학 공부법을 찾을 수 있을 것이다.

수학을 잘하는 학생들은
습관부터 다르다

공부는 습관이 중요하다. 습관에 따라 결과는 달라진다. 수학을 잘하는 학생들은 해결의 실마리를 찾기 위해 온 힘을 쏟는다. 그리고 그것을 통해 자신의 부족함을 찾고 채워나가기 위한 계획을 세운다.

수학을 잘하는 학생들은 무엇이 다를까? 많은 시간을 투자해 수학 공부만 하고 있을까? 공부하는 시간도 중요하지만 더 중요한 것은 학생의 의지와 습관, 꾸준함이다. 같은 시간 동안 공부를 해도 성적이 다르게 나오는 이유는 습관이 다르기 때문이다.

수업의 모든 활동에 관심을 갖고, 도전하는 습관을 기르고, 스스로 해결해보려는 노력을 한다. 그리고 공부를 통해 자신의 부족함을 찾아 정리하고, 채워나가기 위한 노력을 꾸준히 한다. 가능하면 더 효율적으로 공부해서 그것이 결과로도 연결이 된다. 그래서 이런 학생들은 수학에 대한 자신감이 많다.

공부는 습관이다. 어떤 습관을 가지고 있느냐에 따라서 과정

부터 결과까지 달라질 수 있다. 특히 집중력과 논리력, 창의력
이 필요한 수학 공부에서는 습관이 더욱 중요하다.

많은 학생과 학부모가 수학 공부를 열심히 많이 하는데도 성
적이 좋지 않다며 상담을 신청한다. 상담을 하다보면 대개 학
생의 공부 습관에 문제가 있는 경우가 가장 많다. 공부를 절대
적인 시간으로만 생각하며, 아이가 그 시간 동안 집중하고 몰
입한다고 생각한다. 또한 절대적인 공부시간을 확보하기 위해
쉬는 시간조차 허락하지 않는 경우도 있다. 이러한 것들은 긍
정적인 공부 습관을 만드는 데 전혀 도움이 되지 않는다.

그렇다면 수학을 잘하는 학생들은 어떤 공부 습관을 가지고
있을까? 나는 수업과 다양한 활동을 통해 수학을 잘하는 학생
들을 관찰해보았고, 다음과 같은 습관을 가지고 있는 것을 발
견했다.

습관❶ 관심과 도전

첫 번째는 관심과 도전하는 습관이다. 수학을 잘하는 학생들
은 모든 교과활동에 관심이 많다. 교과서 수학 개념을 설명하
든, 문제 풀이를 설명하든, 퍼즐을 활용한 수업을 하든, 수업 중
에 진행되는 모든 활동에 관심이 많다. 이러한 관심은 수업에

집중할 수 있는 힘을 주며, 학생들의 긍정적인 습관이 된다.

사실 어떤 일이든 해결을 위한 첫 번째 단계는 관심이다. 관심을 통해 마음속에 열정이 생기고, 그 열정으로 도전을 한다. 관심, 열정, 도전으로 이어지는 습관이야말로 수학을 잘하는 아이들의 종합세트 같은 것이다.

그 중에서도 도전하고자 하는 마음이 가장 중요하다고 생각한다. 대부분의 학생은 수학 문제가 주어지면 10초 안에 자신이 그 문제를 해결할 수 있는지 없는지를 판단한다. 만약 풀이하는 것이 쉽지 않다고 생각하면 바로 두려움이 몰려온다. 두려움은 풀이해보고자 하는 도전을 가로막는다.

많은 학생이 어려운 문제를 해결해내지 못하는 것은 기본개념을 이해하지 못해서가 아니라 두려움 때문에 도전하고자 하는 열정이 사라지기 때문이다. 그러나 수학을 잘하는 학생들은 두려움을 이겨내고 도전한다. 도전했지만 잘 해결되지 않을 때, 다시 한 번 돌아보고 계획을 세워 다시 도전한다.

아무것도 하지 않는다면 그것으로 끝이다. 그러나 도전을 한다면 해결할 수 있는 가능성이 있고, 해결하지 못했다 하더라도 도전하는 과정에서 얻어지는 것이 있다.

관심 ▶ 열정 ▶ 도전

습관 ❷ 스스로 해결하려는 습관

두 번째는 스스로 해결하려는 습관이다. 어떤 일이든 스스로 해결해내기 위해서는 기본적인 지식뿐만 아니라 해결해나가는 과정에서 인내와 끈기, 집중력이 필요하다.

그런데 많은 학생은 즉각적인 결과를 원하기 때문에 과정이 길어지는 것을 참지 못한다. 과정보다 결과를 중요하게 생각한다. 심지어 과정이 어떠하든지 빨리 결과만을 찾기를 원한다. 그래서 스스로 공부하고 해결하려는 힘이 부족한 것이 일반적이다.

그러나 수학을 잘하는 학생들은 스스로 공부하고 해결하려는 노력을 많이 한다. 선생님이나 친구에게 질문해 즉각적으로 해결의 실마리를 찾아 빨리 정답으로 가려 하지 않는다. 여러 가지 방법으로 시도해보고 충분히 생각하는 등 스스로 해결을 위한 노력을 한다. 몇 시간 혹은 며칠이 걸려도 스스로 해결하려고 한다.

이러한 과정을 통해 스스로 찾아낸 해결의 실마리는 자신감을 부여해준다. 스스로 해냈다는 자신감은 하나의 문제를 해결한 것으로만 끝나는 것이 아니라, 앞으로 다른 문제들을 풀이할 때도 자신감이 이어진다는 장점이 있다. 그래서 어떤 문제든 스스로 해결하고자 하는 노력은 중요하다.

스스로 풀이 ▶ 해결 실마리 ▶ 자신감

습관❸ 스스로 정리하고 활용하는 습관

세 번째로 공부한 것을 잘 정리하고 활용하는 습관이 있다. 어떤 공부든 처음에는 용어부터 개념까지 익숙하지 않아 힘들어한다. 수학 공부라면 더욱 그러하다. 수학에서 사용하는 용어부터 개념까지 머릿속에 잘 정리가 되어 있어야 문제 풀이에 적용할 수 있기 때문이다.

그래서 수학을 공부하면서 노트 정리 등 다양한 방법으로 공부한 것을 정리해놓는 것은 반드시 필요하다. 학생들은 개념을 정리하는 개념노트, 틀린 문제를 정리해놓는 오답노트 등을 많이 사용한다.

이러한 노트 정리는 중요한 것을 정리함과 동시에 자신의 부족함을 찾아나가는 과정이기도 하다. 노트 정리를 통해 100개 중 자신이 부족한 10개를 찾는 것만으로도 의미가 있다. 공부란 부족함을 찾아 해결하는 것이기 때문이다.

학생들을 관찰하면 가끔씩 볼 수 있는 유형이 있다. 개념노트, 오답노트 등 노트 정리를 철저하게 하는데, 성적 향상 등 수학적인 생각과 능력은 그대로인 경우가 있다. 대개 이런 학생들은 노트 정리로만 끝나는 경우가 많다. 노트 정리를 하는 이유는 자신의 부족함을 찾고 활용하기 위한 것이다. 내가 부족한 것을 찾아 부족함을 해결하는 과정까지 나아가지 않는 경우가 있기 때문에 노트 정리만큼 중요한 것이 정리한 것을 잘 활용하는 것이다.

개념노트는 정리단계부터 하나의 개념으로 끝내는 것이 아니라 관련 내용을 함께 정리해 전체적인 개념을 알기 위한 자신만의 노트여야 한다. 그래야 개념의 연관성을 파악해 이해하고 활용할 수 있는 힘이 생긴다.

또한 오답노트도 자신이 틀린 하나의 문제를 과정과 정답만 쓰는 데서 그치면 안 된다. 자신이 그 문제를 왜 틀렸는지를 확인해보고 필요한 개념과 유사문제까지 정리해놓으면 더욱 활용성이 높다.

나는 이렇게
수학을
잘하게 되었다

수학에 대한 기초가 전혀 없는 학생

수학적 감각이 없을 뿐만 아니라 전혀 기초가 없는 학생에게 무엇을 해줘야 하고, 어떻게 가르칠 것인가에 대한 고민을 많이 하게 된다. 학교 현장에서는 기초가 부족한 학생들을 위해 학습 부진아 교육을 시키거나 수준별 이동수업을 통해 학습효과를 극대화하려고 노력하고 있다.

그러나 전혀 기초가 없는 학생에게 교과서의 내용을 설명하고, 문제까지 풀이해 기초를 다지는 것은 결코 쉬운 일은 아니다. 더구나 수학 공부에 대한 열정이 조금이라도 없다면 어떻게 해줄 도리가 없다.

몇 년 전 일로 기억한다. 중학교 1학년인 A학생이 교무실로 찾아와 상담을 신청했다. 중학교에 입학한지 몇 개월밖에 지나지 않았지만 고민거리가 있다며 상담을 신청한 것이었다.

A학생은 조심스럽게 이야기를 시작했다.

"선생님, 저는 초등학교 때 축구선수를 꿈꾸며 열심히 운동을 했어요. 그런데 6학년 때 시합에 나가서 발목을 다쳐 선수를 그만두었어요. 그래서 중학교에 와서 공부를 열심히 하려고 수업을 들어보니 무슨 말인지 전혀 모르겠어요. 특히 수학은 정말 모르겠어요."

A학생은 초등학교 때 축구선수를 꿈꾸면서 대부분의 시간을 운동을 하면서 보냈다. 그러다 보니 공부할 시간이 없어 기본적인 개념조차 모르는 상태였다. 특히 기초가 중요한 수학은 더 부족했다. 수준별 이동수업을 통해 교과시간에 확인한 바에 의하면 가장 기본적인 분수의 사칙연산조차 힘들어했다.

A학생은 첫 번째 시험을 보고나서 성적이 낮은 것보다 시험지에 적혀 있는 문제를 전혀 이해 못한 것에 대해 스스로 자존심이 많이 상한 상태였다. A학생은 승부욕도 많았고, 수학 공부도 잘하고 싶다는 마음도 많았기 때문에 더 큰 충격을 받은 상태였다. A학생의 이런 고민과 상황을 절대적으로 공감하면서 이야기했다.

"누구나 처음에는 수학 공부가 어려운 것이 당연해. 넌 특히 수학 공부를 제대로 해본 적이 없기 때문에 더 힘들 거야. 그래도 열심히 하겠다는 마음을 가진 것만 해도 넌 잘 할 수 있을 거야. 선생님이 도와줄 테니 걱정하지 마라."

A학생에게 할 수 있다는 자신감을 주기 위해 긍정적으로 말했다. 그러나 기본적인 계산조차 못하는 그 학생에게 무엇부터 해줘야 하고, 어떻게 가르칠 것인가에 대한 고민은 교사인 내게도 굉장히 어려운 일이었다.

'제일 먼저 무엇을 해야 할까?' 고민은 꼬리에 꼬리를 물었다. 수학을 포함해 공부에 흥미도 없고 자신감도 없는 학생, 기초가 전혀 없는 학생에게 무조건 열심히 하라고만 한다면 재미도 못 느끼고, 결국 힘들어 포기해버릴 것은 당연한 일이다. 그래서 A학생과 둘만의 시간을 가지고 현재의 생각과 하고 싶은 일이나 공부 등에 대해 진솔하게 이야기를 나누었다.

성적이든 생활이든 변화가 있으려면 먼저 자신을 이해하고 알아야 한다. 그리고 나 또한 멘토로서 역할을 잘하려면 그 학생의 상황을 잘 파악하고, 믿어주고, 격려할 뿐만 아니라 구체적인 방향을 제시해줄 수 있어야 한다.

우선 계산력이 약한 그 학생에게 기본적인 연산부터 분수 계산까지 매일매일 풀도록 지도하고, 수업 시간에 배우는 개념이나 문제 풀이 등을 이해하지 못하더라도 노트에 무조건 써보도록 했다. 처음에는 자신이 무엇을 모르는지 몰라서 질문조차 없던 그 학생은, 기본적인 연산을 익히고 수업시간에 필기하며 익숙해진 용어와 개념이 생겨나자 매일같이 나에게 질문을 가지고 교무실을 찾아왔다.

"선생님, 이 내용 좀 설명해주세요. … 선생님, 이 문제 좀 풀어 주세요."

이렇게 일 년 정도 꾸준히 공부하며 점차 자신감이 생겨났다. 시간이 조금 지나자 질문보다는 자신이 알고 있는 내용이나 문제를 나에게 설명하려고 했다.

"선생님, 이 내용 알아요. 이 문제는 이렇게 풀이하는 것 맞죠. 역시 수학은 개념이 중요해요."

A학생은 수학에서 가장 기본적인 연산조차 힘들어했지만 공부를 하고자 하는 마음과 의욕이 강했다. 모든 공부에서도 그렇겠지만 수학을 공부하면서 가장 중요한 것은 마음이다. 마음이 있어야 의욕이 생기고, 의욕이 있어야 변화를 위해 한 단계 한 단계 나아갈 수 있기 때문이다.

학교에서 성적이 나쁜 학생들을 관찰하면 대개 수학에 관심도 없고, 의욕도 없는 것이 일반적이다. 그래서 전혀 기초가 없는 학생들에게 가장 먼저 해줘야 하는 것은 수학에 관심을 갖게 하는 것이다.

교사로서 학생이 모르는 수학 개념이나 문제를 설명해주는 것은 어려운 일이 아니다. 그러나 전혀 마음이 없는 학생에게 수학을 공부해야 하는 이유를 설명해 공부를 하고자 하는 마음을 갖게 하는 것은 정말 힘든 일이다.

자신의 마음을 돌리기도 힘든데, 부정적인 생각을 가지고 있는 학생의 마음을 돌려 의욕까지 생기게 한다는 것은 불가능한 일일지도 모른다. 그래서 수학을 못하는 학생들과 상담을 하면서 절대적으로 학생의 생각을 공감하려고 한다. 학생에 대한 평가와 조언보다 먼저 학생의 이야기를 듣고 이해해주려고 노력한다. 왜냐하면 변화의 시작은 상대방을 공감하는 것으로부터 시작되기 때문이다.

학생 스스로 마음을 잡아나갈 때까지 기다려줘야 한다. 마음이 없는 상태에서 억지로 하는 공부는 아무 의미가 없기 때문이다. 시간이 오래 걸리더라도 학생 스스로 마음을 잡을 때까지 기다려줘야 한다. 공부에 대한 마음이 생긴 다음 조언을 해주면, 마치 스펀지가 물을 빨아들이듯 학생들은 잘 흡수해나간다.

A학생은 마음에 대한 고민은 없었기 때문에 생각보다 변화가 빨랐다. 아주 간단한 문제를 풀이해와도 많은 칭찬을 했다. 칭찬을 통해 자신감을 점차 갖기 시작할 때 구체적인 공부에 대한 조언을 해주었다. 그리고 수업과 상담을 통해 A학생을 만날 때마다 격려해주었다.

누구나 칭찬을 통해 힘을 얻는다. 특히 의욕이 없는 학생들은 칭찬을 통해 자신감을 갖는다. A학생은 아직도 부족함이 있지만 자신감을 갖고 즐겁게 수학을 공부하고 있다. 그리고 앞으로 더 성장할 것이다.

만약 여러분들도 기초가 부족해 수학 공부가 힘들다면 자신을 이해해주고 공감해줄 수 있는 멘토를 찾아보자. 선생님이든 친구든 상관없다. 여러분을 잘 알고 수학 공부를 조언해줄 수 있는 사람이면 된다.

멘토를 통해 수학 공부를 하고자 하는 마음이 생기는 것부터가 시작이다. 그건 여러분들의 몫이다. 스스로 마음을 잡았다면 공부 방법에 관심을 가져보자. 기초가 부족한 학생들에게 적합하다고 생각되는 수학 공부법을 이 책에서 제시했다. 직접 실천해보고 스스로 만족해보자. 그래야 조금이라도 재미있게 꾸준히 공부할 수 있고, 변화를 위해 나아갈 수 있다.

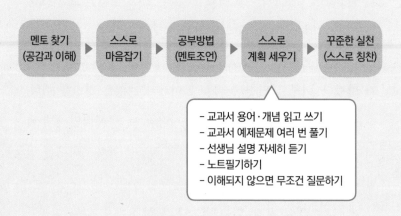

멘토 찾기 (공감과 이해) ▶ 스스로 마음잡기 ▶ 공부방법 (멘토조언) ▶ 스스로 계획 세우기 ▶ 꾸준한 실천 (스스로 칭찬)

- 교과서 용어·개념 읽고 쓰기
- 교과서 예제문제 여러 번 풀기
- 선생님 설명 자세히 듣기
- 노트필기하기
- 이해되지 않으면 무조건 질문하기

**수학 공부,
이것이
궁금하다**

"아이가 사고력 수학을 공부하고 있습니다. 어렸을 때 경험한 사고력 수학이 앞으로의 수학 공부에 도움이 되는지요?"

요즘 사고력·창의력 수학이라는 이름으로 많은 프로그램이 있는데, 수학을 잘하는 것과 직접적인 관련이 있다고 생각하면 안됩니다. 오히려 어려운 수학을 접하기 전에 놀이를 통한 개념 익히기, 수학적인 생각 등 다양한 자극과 경험을 한다고 것이 좋습니다.

　사고력 수학은 주로 체험활동 위주로 진행되는 경우가 많습니다. 어렸을 때 다양한 교구를 가지고 직접 조작하고, 만들어 보는 것은 수학적인 감각이 향상될 가능성은 많습니다. 다만 사고력 수학을 공부할 때 아이가 좋아하는지를 확인해야 합니다. 모든 아이가 사고력 수학을 경험했다고 해서 무조건 수학적인 감각이 향상되고, 앞으로의 공부에 좋은 영향을 줄 것이라 확신할 수는 없기 때문입니다.

아이들에 따라서 직접 체험하고 활동하는 수업에 거부감을 느끼는 경우도 있습니다. 조용히 책을 읽거나 문제를 통해서 수학적 지식을 얻는 아이들도 있으니, 강제적으로 시킨다고 해서 수학적 사고에 도움이 되는 것은 아닙니다. 어떤 것이든 아이가 원할 때 그 효과도 있는 것입니다. 원치 않으면 오히려 자유롭게 생각하는 것에 거부감을 가질 수 있습니다.

또한 수학 공부를 목표에 두고 사고력 수업이 이루어지면 그 효과는 절반 이상으로 줄어들 수 있습니다. 사고력이나 창의력 수업은 즐거움이 바탕이 되어야 합니다. 즐거운 활동 속에서 자연스럽게 수학적으로 생각하고 가장 좋은 방법을 찾으려는 노력이 사고력 수업의 핵심입니다. 이는 활동 속에서의 생각과 노력이 해결이나 결과물을 찾아내는 것보다 더 중요하기 때문입니다.

한편 어렸을 때 공부한 사고력 수학이 앞으로의 수학 공부에 도움이 되려면 다양한 경험을 하는 것이 좋습니다. 단순하게 심화 문제만 풀이하는 것은 하나의 경험일 뿐입니다. 사고력 수학을 통해 깊이 있게 생각하고 몰입하는 습관을 키우는 것이 필요합니다. 이런 습관은 집중력을 가지고 수학 공부를 꾸준히 할 수 있는 힘의 바탕이 됩니다.

추가적으로 초등학교 학생들에게 사고력·창의력 등 수학적 감각을 키우기 위해서는 텍스트로 된 퍼즐 문제나 사고력 문제보다 큐브, 보드게임(루미큐브) 등 조작 퍼즐이 더 효과적입니다. 직접 만들어보고, 조작을 통해 스스로 다양한 자극을 받을 때 자신도 모르는 사이에 수학적으로 생각하고 분석해 예측할 수 있는 능력들이 생겨날 수 있습니다.

공부의 주인공은 나다. 당연한 말 같지만, 공부를 하고 있는 학생들이 주인공이 아닌 경우도 많다. 누군가가 만들어놓은 계획에 의해서 끌려가듯이 하는 수학 공부! 그 안에 주인공이 없으니 힘들고 어려운 것이다. 변화가 필요하다. 이 공부의 무대 위에서 자신이 주인공이라고 선포해야 한다. 스스로 계획을 세우고, 자신의 부족함을 채우기 위해 한 단계씩 나아가야 한다. 수학 공부를 하기 전에 자신에 대한 강한 믿음과 함께 동기가 중요하다. 또한 작은 곳에서 성취감을 느꼈을 때 꾸준함이 작동되고, 수학 공부에 재미를 느낄 수 있다. 그래야 좋은 변화를 맛볼 수 있다.

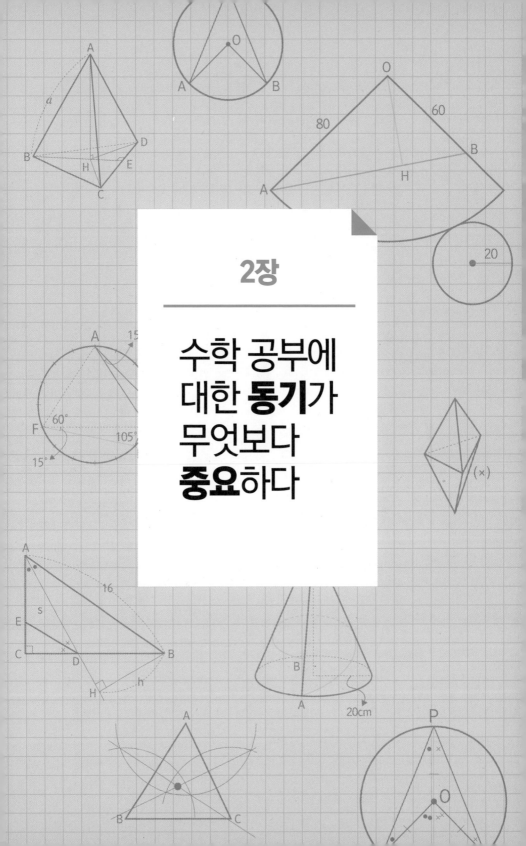

2장

수학 공부에
대한 **동기**가
무엇보다
중요하다

수학 공부의 주인공은
나야, 나!

지쳐서 끌려가듯이 하는 수학 공부, 이것이 바로 우리들 모습이다. 그러나 공부의 주인공은 나고, 내가 만들어가야 하는 무대다. 강한 믿음을 갖고 열정을 다해 주인공인 나의 무대를 멋지게 만들어보자.

공부의 주인공은 바로 여러분들이다. 너무나도 당연한 말이지만, 아직도 공부의 주인공이 누구인지 모르는 학생들이 많다. 누군가에 의해 끌려가듯이 하는 수학 공부, 내가 공부를 하고 있지만 주인공이 없는 상황, 이것이 바로 우리들의 모습이다. 자신이 주인공이 아니면 책임도 없다.

공부를 잘하든 못하든 여러분들이 하고 있는 공부의 주인공은 바로 여러분이다. 공부 시작 전에 자신에 대해 돌아보고, 내가 주인공인 이 무대에서 멋지게 변해나가길 바란다. 잘하는 것보다 주인공이 되어 열심히 해나가는 모습이 더 멋질 것이다.

아이돌이 되기 위한 오디션 프로그램에서 참가자들은 "오늘

밤 주인공은 나야, 나"라고 외치면서 자신이 그 프로그램의 주인공이 될 것이라는 강한 의지를 표현한다. 그리고 모든 미션에서 주변인이 아닌 주인공처럼 생각하고 활동한다. 주인공이 되어 자신이 해야 할 것을 스스로 계획하고, 팀별 미션에서도 팀에 녹아들어 자신의 역할을 충실히 한다.

시청자들은 최선을 다하는 참가자들에게 매력을 느낀다. 데뷔도 안했는데 유명해지기도 한다. 그렇게 매력을 끌고 인기가 있는 미래의 아이돌은 대개 어떤 무대에서도 자신이 주인공이라는 믿음이 강하다. 그 믿음은 자신감과 여유로 표현된다. 그래서 많은 사람 앞에 서는 무대가 두려움이 아니라 즐거움이 된다. 끼를 어떻게 발산해야 할지, 손짓 하나하나도 스스로 계획을 세우고, 연습한대로 자연스럽게 움직인다.

이 가수 지망생들이 모두 훌륭한 노래와 춤 실력을 갖고 있었던 것은 아니다. 프로그램을 통해서 자신의 재능을 재발견하고, 더 성장해나가기도 한다. 모두 자신이 주인공이라고 외치면서.

공부의 주인공은 나다

공부에서도 주인공은 나다. 그러나 공부라는 무대에서 주연도 조연도 엑스트라도 아닌, 자신의 역할이 무엇인지 전혀 모르는 학생들이 많다. 만약 자신이 주인공이 아니라도 조연이나 엑스트라로 무대를 멋지게 만들어갈 수 있다. 그러나 무대 위에서 자신의 역할이 무엇인지, 무엇을 하고 있는지를 모른다는 것은 배우로서의 모습을 포기하는 것과 같다.

이런 어처구니없는 일을 공부하는 학생들의 모습에서도 볼 수 있다. 공부는 하고 있지만 주인공이 누구인지 알 수 없다. 스스로 세운 계획도 없고, 열정도 없다. 단지 공부라는 무대로 나아가고만 있다. 부모가 시키는 대로 전진만 하고 있다. 자신이 세운 계획이 아니라, 사교육이 세워준 계획대로 앞으로 달려간다. 어쩌면 그 무대 위에서는 주인공이 필요 없을 수도 있다. 왜냐하면 내가 주인공이 되면 그만큼 책임감도 주어지기 때문이다.

그래서 누군가가 만들어놓은 계획에 의해서, 하라는 대로 걸어가는 것이다. 부모님도 많은 사람이 걸어간 길을 따라가라고 말한다. 주인공이 없는 빈 공간에서 공부하는 학생들은 존재감이 없다. 존재감이 없으니 책임질 것도 없다. 이런 일이 계속된다면 수학 공부가 자신에게 아무 의미 없다고 생각할 것이다. 의미 없는 것에 힘을 빼느니 포기하려고 할 것이다.

어차피 공부의 주인공이 없으니 책임질 사람도 없다. 그것이 수학을 포기한 학생들의 명분이다. 난 주인공이 아니고, 앞으로도 주인공이 될 수 없고, 될 필요도 없다고 생각한다. 어떤 일이든 주인공이 없는 것은 의미를 부여할 수 없다. 특히 공부에서 주인공이 없다는 것은 필요가 없다는 말과 같다. 내가 주인공인데 말이다. 가슴 아픈 일이지만 현재 중고등학교에서 벌어지고 있는 많은 학생의 이야기다.

어떻게 하면 공부의 주인공이 될 수 있을까?

어떻게 하면 공부의 주인공이 내가 될 수 있을까? 그건 여러분들의 몫이다. 스스로 주인공이라 선포해야 한다. 선포하고 자신을 돌아봐야 한다. 자신이 할 수 있는 영역과 그렇지 못한 부분을 점검해야 한다. 그럼 무엇을 해야 할지 서서히 보일 것이다.

공부시작 전에 내가 공부의 주인공으로서 어떤 마음을 먹을 것인가를 생각하고 상상하자. 또한 그 무대 위에서 주인공인 나의 역할을 그려보자. 공부는 나의 무대고, 내가 주인공이다. 이런 상상을 하면 그 무대를 더 멋지게 만들려고 노력할 것이다. 이것이 공부에서 여러분들이 주인공이 되어야 하는 이유다.

만약 내 자신이 아직 주인공이 될 만큼 성장하지 않았다면 조연이나 엑스트라로서 최선을 다해보자. 아직은 주인공으로서 부족하지만 자신의 위치에서 성실하게 노력하면 얼마든지 멋진 주인공이 될 수 있다.

현재 자신의 상황과 역할에 대해 불평만 한다면 공부의 무대는 의미가 없어질 것이다. 그저 불평으로만 끝날 것이다. 어떤 상황에서든 자신이 공부의 무대에서 마침내 주인공이 될 것이라는 강한 믿음을 갖고 실천해보자. 그럼 자신이 생각했던 것보다 더 좋은 결과로 이어질 것이다. 이것이 바로 주인공의 모습이다.

처음부터 수학 백 점을
목표로 하지 마라

자신의 실력과 노력을 고려하지 않은 목표는 허상이다. 백 점을 목표로 하는 것보다 자신에게 집중해 부족함을 찾기 위한 과정이 더 중요하다. 이후에 백 점이라는 진정한 목표를 세울 수 있다.

시험을 앞두고 있는 학생들에게 "백 점을 목표로 하지 마라"고 한다면 의아해할 것이다. 당연히 목표는 백 점이고, 백 점을 맞기 위해 시험공부를 하는 것이 아니냐고 볼멘소리를 할지도 모른다. 그러나 이 말은 무조건 백 점을 목표로 하지 말라는 소리가 아니다. 목표를 세우기 전에 먼저 자신을 돌아봐야 한다. 성취도를 비롯해 노력 정도 등을 고려해야 한다. 그래야 진정한 목표를 세울 수 있다.

"이번 시험에서 백 점을 목표로 하지 마라."

학생들이 시험을 앞두고 있을 때 가끔씩 해주는 말이다.

시험이란 짧은 시간 안에 학생들이 공부한 수학 개념을 이해하고 개념을 활용해 문제를 해결할 수 있는지를 평가하는 것이다. 누구나 시험을 준비하면서 백 점 맞기를 꿈꾸고 희망한다.

자신의 실력과 노력을 고려한 목표를 세워라

그러나 현재 자신의 실력과 노력을 고려하지 않고 무조건 백 점을 목표로 한다면 대개는 이룰 수 없는 허상이다. 목표에는 무언가를 이루기 위한 구체적인 행동이 따라야 한다.

실현가능성이 없는 백 점의 꿈은 무의미하며, 목표가 될 수 없다. 그래서 목표를 세우기 전에 자신을 먼저 알아야 한다. 어떤 공부든 현재 나의 객관적인 실력을 파악하고 이에 대한 구체적인 목표와 방법들을 찾아갈 때 비로소 목적을 이룰 수 있고, 그로 인해 성장할 수 있다.

여전히 열심히 공부하는데도 수학 성적이 오르지 않는다면 그것은 분명히 자신이 파악하지 못한 원인이 있다는 것이다. 이것을 파악하고 해결하지 못한다면 아무리 많은 시간을 들여 노력한다고 할지라도 성적에는 반영되지 않는다. 그래서 그 원인을 반드시 찾아내서 해결해야만 좋은 결과를 기대할 수 있다. 그 빈틈을 채워야만 그 위에 많은 것을 쌓아 올릴 수 있다. 그 이후에야 비로소 백 점을 목표로 할 수 있다.

예를 들어 수학 성적이 70점인 학생이 있다고 하자. 이 학생은 매번 열심히 공부를 했다고 생각하지만 막상 시험시간이 되면 많은 실수와 함께 시험시간도 턱없이 부족했다. 열심히 해도 매번 성적이 그대로였다면 그 학생만의 문제점이 있다는 것이다. 생각해볼 수 있는 문제점은 현재에만 있는 것이 아니다. 과거에 배운 개념이 불확실할 수도 있고, 계산에서 계속 같은 실수를 할 수도 있다. 그래서 시험 범위 또한 열심히 공부해야 하지만 이와 동시에 자신의 부족한 점을 반드시 채워나가는 노력을 같이 해야 한다.

이것을 시작으로 해서 하나씩 하나씩 자신의 빈틈을 찾고 해결해나가야만 성적의 향상을 기대할 수 있다. 오랜 시간이 필요할 수도 있다. 하지만 수학 공부에 지름길은 없다. 기초가 든든히 서지 않으면 무너지기 쉬운 과목이 수학이다. 반대로 튼튼히 세운 기초는 쉽게 무너지지 않는다.

부족함을 찾아 해결하는 노력이 백 점을 만든다

다른 예를 들어보자. 학생들마다 차이는 있지만, 대부분의 학생은 일반적으로 시험을 볼 때 쉬운 문제부터 어려운 문제로, 객관식 문제부터 서술형 문제로 풀이한다. 자신에게 어려운 문제가 있다면 우선 넘어가고, 다른 문제부터 풀이해야 한다.

그런데 백 점이라는 목표에 집착하다 보면 하나라도 그냥 넘어가는 것이 용납이 되지 않는 경우가 있다. 그런 경우 너무 많은 시간을 한 문제에 빼앗겨서 시간이 부족하게 된다. 결국 도전도 해보지 못한 문제가 생기고, 빨리 풀어야 하는 압박감에 시달리게 된다. 그렇게 당황하게 되면 서두르다가 실수로 이어지기 마련이다. 오히려 더 나쁜 결과를 얻는 경우도 있다.

어떤 평가든 변별력을 위해 2~3개 정도의 어려운 문제는 있다. 어려운 문제는 모두에게 어렵다. 굳이 어려운 문제에 많은 시간을 투자해, 다른 문제 풀이시간을 충분한 갖지 못한다면 공부한 만큼의 결과를 얻을 수 없다. 그래서 확실한 문제부터 풀고, 시간을 고려해 풀이순서를 정하는 것도 좋은 방법이다.

과거에 받은 백 점은 아무 의미 없다. 노력에도 불구하고 만족할 만한 성적을 얻지 못한다면 백 점이 아니라 내가 놓치고 간 부분이 무엇인지를 파악하고 전략적으로 공부해야 할 때다.

대부분 자신이 파악하지 못한 원인이 있을 것이다. 하나씩 이를 찾아내고 해결해나가야만 더딘 것 같더라도 완벽한 백 점을 기대할 수 있는 실력을 쌓을 수 있을 것이다. 그러고 난 후에야 여러분들에게도 백 점이 목표가 되고, 그 목표를 향해 나아갈 수 있는 것이다.

자신감과 성취감은
수학 공부의 영양제다

공부에서 자신감과 성취감은 영양제와 같은 것이다. 자신감으로 두려움을 이겨낼 수 있고, 성취감으로 공부를 꾸준하게 이어나갈 수 있다. 작은 곳에서부터 자신감과 성취감을 맛보면 앞으로의 공부에 큰 힘이 될 것이다.

수학 공부를 즐겁게 할 수 있는 힘은 무엇일까? 아마 수학 개념을 배우고 문제를 척척 풀어낼 때 기쁨이 생겼을 것이다. 이 기쁨은 성취감이다. 성취감을 맛보면 수학 공부에 자신감이 생기기 마련이다. 자신감은 스스로에 대한 강한 믿음이다.

자신감과 성취감은 수학 공부의 영양제와 같은 존재라고 말할 수 있다. 이 두 가지가 여러분들이 수학 공부에서 부족함을 찾아 채우고, 수학적 감각을 풍성하게 해나가는 데 강력한 도움을 주는 힘이라는 것을 기억하자. 이제 작은 곳에서부터 자신감과 성취감을 찾길 바란다.

어떤 일을 할 때 누구나 '내가 해낼 수 있을까?'라는 두려움을 가진다. 수학 공부를 할 때도 막연한 두려움을 가지고 있는 학생들이 꽤 많다. 특히 수학 문제를 풀 때 실수할지 모른다는 두려움으로 자신감이 떨어져 문제가 요구하는 핵심을 찾지 못하는 경우가 있다.

자신감이 떨어지면 불안감이 생겨 시작을 해보지도 않고 포기하거나, 시작을 한다고 해도 스스로 확신을 갖지 못한다. 스스로 믿음을 갖지 못한다면 좋은 결과를 기대하기는 더 어렵다. 자신에 대한 확신을 가지고 수학 공부를 시작하는 것이 무엇보다 중요하다.

스스로에게 믿음을 가져라

학교현장에서 수학을 가르치다보면 자신이 열심히 공부해서 좋은 결과도 얻을 수 있고 수학적인 힘도 키울 수 있다는 확신을 갖고 있는 학생들이 많지 않다는 것을 알게 된다. '내가 잘 할 수 있을까? 수학을 잘하는 다른 친구들처럼 내가 할 수 있을까?' 하는 생각으로, 시작하기도 전에 자신감을 잃은 학생들이 많다.

몇 년 전에 두 명의 학생과 상담을 했다. A학생은 성적이 좋지만 늘 자신감 없이 수학 공부를 하는 학생이었고, B학생은 자신감이 넘치지만 어떻게 공부를 해야 할지 모르는 학생이었다.

A학생은 꽤 많은 시간 동안 수학 공부를 하고, 시험 성적도 좋은 편이었다. 그러나 A학생은 스스로 머리가 좋지 않고 수학을 못한다고 단정하며, 자신감이 많이 떨어져 있는 상태였다. 이 학생은 자신이 부족하다고 생각했고, 시험에 대한 불안감 때문에 더 많은 공부를 해야 한다는 생각으로 학업 스트레스가 많았다. 공부한 만큼의 노력이 결과로 이어지지 않는다고 늘 불안해했다.

실제로 A학생의 평소 공부하는 습관이나 태도를 봤을 때 거의 완벽한 결과가 나와야 하지만 그렇지 않았다. 스스로 수학 공부가 부족하다고 생각했다. 하지만 교사로서 A학생을 가르치며 느꼈던 것은 자신감이 매우 부족하다는 것이었다.

공부하는 시간에도, 시험을 보는 시간에도 늘 자신이 풀이하는 문제에 대해 확신을 갖지 못했다. 불안해하는 마음 때문에 효율성이 떨어지고, 시험시간에 늘 시간이 부족해 실수로 연결되었다. 학생과 부모님 상담을 통해 학생에게 필요한 것은 공부시간을 더 늘리는 것이 아니라고 강조했다. A학생이 공부를 하는 습관과 태도에는 아무런 문제가 없었다. 오히려 스스로 불안해하고 자신감이 없는 마음이 문제였던 것이다.

반면에 B학생은 수학 공부법이나 절대적인 공부시간은 부족했지만 스스로 공부하면 변할 수 있고 잘할 수 있다는 확신을 가지고 있었다. 공부시간을 점점 많이 늘려가면서 결과도 점점 좋아졌다. 자신에 대한 믿음 없이 불안해하면서 공부하는 것보다 더 좋은 효과와 결과를 가져왔다. 물론 절대적인 공부시간을 늘리고, 스스로 공부 방법을 찾아가는 것도 중요하다. 그러나 자신이 해낼 수 있다는 자심감과 확신이 우선이다.

지속적인 자신감을 가지려면 성취감이 필요하다

자신에 대한 믿음으로 공부하기 시작하면 공부 과정에서 자신감이 점점 더 생긴다. 자신감은 수학 공부라는 나무가 잘 자랄 수 있도록 도움을 주는 물과 같은 것이다.

숲 속의 나무들은 가꾸지 않아도 자란다. 그러나 더 무성한 숲이 되기 위해서는 필요할 때 물을 공급해줘야 한다. 그렇지 않다면 무성한 숲으로 성장하기가 어렵기 때문이다.

지금 자신의 수학 성적은 겉모습에 불과하다. 앞으로 어느 정도 더 성장할 수 있는지는 현재의 겉모습만으로 평가할 수 없다. 적당한 양의 물과 영양분을 공급해줘야 현재의 모습보다 더 성장할 수 있는 것이다. 때문에 자신감은 수학 공부에서 무엇보다 중요하다.

지속적인 자신감을 갖기 위해서는 성취감이 필요하다. 성취감이란 자신이 노력해서 목적한 바를 이루었을 때 느끼는 감정이다. 공부하면서 성취감을 느낄 때 의욕은 더 상승되고, 지속적으로 자신감을 가질 수 있다.

학생들은 자신이 열심히 공부해서 좋은 성적을 얻을 때 많은 성취감을 느낀다. 또한 선생님이나 부모님에게 칭찬을 받을 때 기분 좋은 성취감을 느낀다. 공부가 힘들고 어려워도 성취감을 느꼈던 기분 좋은 경험을 기억한다면 거뜬하게 이겨낼 수 있는 힘이 생길 것이다.

중고등학교에서 수학을 공부할 때 가장 중요한 것은 자신감을 갖는 것이다. 많은 학생이 이렇게 공부를 많이 하고 있는데도, 좋은 결과로 이어지지 않을 것이라고 불안해한다. 아예 수학 공부에 자신감이 없고, 수학에 대해 매우 부정적인 생각을 가지고 있다. 부모님이 시키니까 어쩔 수 없이 공부를 하고 있다고 한다. 스스로 자신감을 느끼기는커녕 불안한 마음에 움츠려드는 경우가 많다.

공부를 시작하기 전에 마음부터 가다듬고 시작하는 것이 좋다. 또한 결과에만 집중하지 말고, 스스로 공부하는 과정에서 재미를 느껴야 한다.

공부하는 모든 과정에서 스스로 좋은 결과를 얻을 수 있다는 확신을 가져야 한다. 스스로에 대한 믿음과 확신은 공부시간을 늘리는 것보다 중요하다. 마음이 우선이 되고, 계획을 세워 실행에 옮겼을 때 그 결과도 좋아질 가능성이 많기 때문이다.

여러분들도 공부를 시작하기 전에 자신에 대한 믿음을 더 키워보자. 할 수 있다는 강한 의지를 가지고 시작한다면 자신감은 점점 더 커질 것이다. 또한 스스로 만족감을 느낀다면 좋은 결과로도 이어질 것이다. 자신감과 성취감을 느끼는 순간, 이미 여러분들은 공부의 절반은 성공한 것이다. 이제 지속적으로 공부를 해나가기 위해서 다시 한 번 자신에 대해 굳게 믿고 나아가면 된다.

수학도 자기주도학습이
얼마든지 가능하다

스스로 계획해 자신의 부족함을 찾고, 이를 채워나가는 과정이 반드시 필요하다. 그리고 그 과정이 바로 자기주도학습이다. 자신의 장단점을 파악해 스스로 세운 공부 계획은 그 효과가 매우 높다.

사교육에 의존하지 않고 스스로 공부하기 어려운 세상이다. 그러나 사교육에만 의존한다고 해서 좋은 결과로 이어지는 것도 아니다. 수학 공부에서 자기주도학습은 필수다. 자신이 스스로 부족함을 찾고, 계획을 세워 채워나가는 과정이 바로 자기주도학습이다.

맹목적으로 누군가에 의존하고 뒤따라가기만 한다면 자신의 것이 아니므로 변화하는 데 어려움이 있다. 다른 사람이 잘 만든 계획보다 자신에게 어울리는 학습이 필요한 이유다. 누군가에게만 의존하지 말고, 자신에게 맞는 학습을 계획한다면 자기주도학습은 얼마든지 가능하다.

자기주도학습은 수학 공부의 필수다

요즘 같은 세상에 스스로 공부해서 좋은 성적을 얻을 수 있을까? 우리가 말하는 자기주도학습이 가능할까? 학생들은 이미 누군가가 계획을 세워놓고, 개념을 설명하면 듣고, 그와 관련된 문제를 풀이하는 방식에 너무나도 익숙해있다.

스스로 어떻게 공부를 하고, 어떤 방식으로 공부할지에 대해 계획을 세우는 것은 너무나도 힘든 일이 되어 버렸다. 자신이 주도해서 학습을 해나가는 것 자체가 어려운 세상이다.

설령 스스로 공부 계획을 세우고, 매일매일 실천해나간다고 해도 좋은 결과로 이어지는 것은 몇 명의 뛰어난 학생들에게만 가능한 일이라고 생각한다. 그래서 사교육에 의존해 누군가 세워준 계획에 따라 문제를 풀고 정리하는 반복학습을 하는 것이 대부분이다. 누군가가 만들어준 계획과 방법대로 수학 공부를 하는 것이 일반적인 것이 되어 버렸다.

실제로 학교에서도 사교육에 과도하게 의존해 공부를 하고 있는 학생들이 대부분이다. 스스로 공부 계획을 세워 나름의 공부 방법을 찾아가는 학생들은 거의 없다고 해도 과언이 아니다. 그럼 자기주도학습이 불가능한 건가?

학교 선생님과 함께 공부하면서 스스로 계획하고 공부해나갔던 A학생을 소개한다. 이 학생은 학교 수업만을 통해서도 정확한 개념을 이해해 문제해결능력뿐만 아니라 다양한 곳에 적용하는 능력도 우수했다. 또한 자신의 학업 계획을 스스로 세워 공부해나갈 만큼 자기주도학습을 실천했던 학생이다.

6년 전에 A학생은 중학교 1학년이었다. A학생은 수학시간에 매우 집중을 잘했고, 성적도 좋은 편이었다. 대부분의 학생이 그러하듯, A학생도 사교육을 통해 선행학습 등 많은 도움을 받고 있는 줄 알았다. 그런데 A학생은 지금까지 사교육을 받아본 경험이 없었다고 했다. 부모님의 도움으로 지금까지 스스로 공부했다는 것이다. 중학교에 들어와서는 부모님의 도움 없이 스스로 공부 계획을 세우고, 꾸준하게 공부를 하고 있었다.

교실에서 이 학생의 공부 습관에 대해 유심히 관찰해보니 A학생은 수업시간 동안 매우 진지했다. 그리고 노트 정리를 정말 잘했다. 교사인 내가 농담으로 이야기했던 것까지도 나름의 정리 방법으로 기록했다.

수업시간에 수학 개념을 설명할 때에는 그 내용을 정리하고, 자신의 방법으로 생각들을 정리하는 모습을 보았다. 또한 가끔씩 수업시간에 말해주는 수학 공부법에 대해서도 노트에 정리한 후 참고해 자신의 것으로 만드는 것도 보았다.

A학생은 수업 중에 진행되었던 모든 활동을 통해 자신에게 필요한 것이 무엇이고, 부족한 것이 무엇인지를 확인하려는 노력을 했다. 수업 후에 이해가 되지 않는 것이 있을 때는 바로

질문을 했다. 또한 집에 가서 자신이 공부한 내용에 대해 정리하고, 관련 문제를 풀이하는 시간도 가졌다.

사실 자기주도학습이 엄청나게 거창한 것이 아니다. A학생처럼 수업시간에 성실하게 임해 자신의 부족함을 찾고, 그 부족함을 채우기 위해 스스로 계획을 세워 실행하는 것이 바로 자기주도학습이다.

자기주도학습은 매우 효과적이다

많은 학생은 어떤 것을 공부할 것인지, 어떻게 공부할 것인지에 대한 생각을 하지 않는다. 그저 학원에서 배운 개념을 외우고 문제 풀이 숙제를 하는 것만으로도 버거운 것이 현실이다. 힘들지만 참고 문제를 계속 풀다보면 정확한 개념을 알고, 문제해결력도 향상된다고 굳게 믿으며 공부한다.

그러나 이런 공부 방법은 내가 생각해 계획한 나만의 방법이 아니다. 그렇기 때문에 공부해나가는 순간마다 의욕보다는 힘들고 지쳐 포기하고자 하는 마음이 더 생기게 된다. 그러면 안 된다. 앞에서 말했듯이 내가 주인공이어야 한다.

내가 하는 공부이기 때문에 내가 계획하고 실천해야 한다. 자기주도학습이 가능하려면 우선 자신에 대한 믿음이 있어야 한다. 그 믿음 위에 계획을 세우고, 꾸준히 공부해나가는 실천력이 필요하다. 그 시작은 학교수업에서부터다.

학교수업에서 자신이 어떤 생각을 가지고 어떻게 임하느냐에 따라 자기주도학습을 실천할 수 있는 힘이 생긴다. A학생은 고등학교에 가서도 자신이 설계한 대로 수학 공부를 해나가고 있다. 전체적인 단원을 고려해 진도계획부터 문제 풀이 등 세부적인 것까지 스스로 세워나가고 있다.

결과가 다소 좋지 않을 때는 사교육의 도움을 받으려는 생각을 한 적이 있다고 한다. 그러나 중학교 때부터 지금까지 스스로 걸어왔고, 앞으로도 자신이 계획했던 대로 꾸준히 한 걸음씩 걸어가겠다는 다짐을 했다고 한다.

A학생은 수학 공부에서 스스로의 장단점을 잘 파악하고 있다. 주위의 다른 친구들보다 여유가 있다. 많은 문제를 푼 것보다 '왜 그럴까'라는 생각을 통해 공부해온 것이 큰 도움이 된다고 한다.

누군가에 의해서 만들어진 것보다 자기 스스로 설계하고 실천해나갈 때 그 효과도 더욱 크다. 그래서 자기주도학습은 다른 어떤 학습보다도 그 의미가 있고, 효과도 크다.

수학을 잘하려면
선행학습이 꼭 필요한가?

과도한 선행학습은 큰 의미가 없다. 선행학습이 의미가 있으려면 먼저 자신의 학습 수준을 파악해야 한다. 또한 예습의 범주 안에서 단원별로 깊이 있는 학습으로의 전환이 필요하다.

선행학습은 독이 될 수도 있고, 약이 될 수도 있다. 미리 준비하면 잘할 것이라는 생각으로 선행학습이 유행처럼 번지고 있다. 심지어 초등학생이 고등학교 수학을 배우는 경우도 있다. 그러나 과도한 선행은 큰 의미가 없다. 오히려 과도한 선행으로 수학에 흥미를 잃고 수포자의 길을 걷게 될 위험에 빠질 수 있다.

선행학습이 의미가 있으려면 먼저 자신에게 집중해야 한다. 정말 선행학습이 필요하다면, 자신의 학습수준을 파악한 후에 적당한 수준의 선행학습이나 관련 단원별의 심화학습을 하는 것이 더 효과적이다.

유비무환有備無患, 미리 준비하면 근심이 없다. 미리 준비하고 미래를 대비하면 어떤 상황에서도 잘 대처해나갈 수 있다는 이야기다. 이 말에 누구나 동감할 것이다.

그럼 공부에서도 유비무환이 가능할까? 물론 가능하다. 그러나 유비무환에서 준비는 준비로만 끝나야 한다. 실제 상황보다 준비를 더 중요하게 생각하면 문제가 발생할 수 있다. 오히려 준비만 하다가 모든 힘을 다 빼고 대처는커녕 상황을 더 망쳐버릴 수 있다. 공부에서도 마찬가지다. 과도한 선행학습은 독이 될 뿐, 약이 될 가능성은 아주 희박하다.

과도한 선행학습은 독이다

요즘 대부분의 중고등학생은 미래를 준비한다는 이유로 너도나도 선행학습을 하고 있다. 선행학습은 앞으로 배워나갈 내용을 미리 학습하고 자신을 진단해 채워나가는 공부다. 학습의 관심도와 성취를 고려한다면 꽤 좋은 공부 방법이라 할 수 있다. 그러나 문제는 자신의 수준을 고려하지 않은 채 과도하게 진행하는 선행학습에 있다.

예전에는 선행학습이란 말을 사용하지 않았다. 선행학습보다는 예습이란 말을 주로 사용했다. 예습은 앞으로 배울 내용의 개념들을 미리 학습해서 수업의 극대화를 꾀하기 위한 공부 방법이었다. 그리고 대개 복습과 한 세트로 이루어졌다. 즉 예습은 다음 시간의 수업을 정확히 이해하는 데 초점을 맞추고, 그날 배운 내용은 복습을 통해 정리해 자신의 것으로 만드는 방식이다. 수학 공부를 비롯해 공부 방법 중 가장 효율적인 방법이기도 하다.

그런데 어느 순간 선행학습이 예습을 대신했다. 그날의 예습이 한 단원, 한 학기, 한 학년을 넘어 2~3개 학년을 미리 공부하는 과도한 선행학습으로 변형되었다. 과도한 선행학습으로 학생들은 많은 학습 부담을 느끼게 되었다. 과도한 선행을 하는 학생들은 현재 학년의 학습 내용과 앞으로 배울 다음 학년, 다다음 학년의 공부를 병행해야 한다.

또한 많은 학생이 개념 위주의 공부가 아닌 문제 풀이 위주로 학습을 한다. 처음에는 선행학습을 미리 준비해 그 학년에 가서 좋은 성적을 받길 바라는 마음으로 시작한다. 심지어 지금 배우고 있는 학년의 학습 내용도 과거에 선행을 했을 것이다. 그러나 공부를 잘하기 위해 선행학습이 계속적이고 과도한 학습으로 준비만 하는 유비무환으로 끝나는 일이 벌어지고 있다.

학생들이 쓰는 말로 이건 '실화'다. 현재 중고등학교에서 일어나고 있는 일이다. 과도한 선행학습으로 주객이 바뀌어 현재 학년의 학습이 주인이 아닌 손님 취급을 받고 있다. 지금 미리 배우고 있는 내용도 후에 결국 손님 취급을 당할 가능성이 높다. 그런데도 효율이 떨어지는 과도한 선행학습에 많은 학생과 학부모들이 매달리고 있다.

만약 여러분들이 이런 상황 속에 계속 머물러 있다면, 선행은 독이 된다. 그것도 맹독이 된다. 이런 생각과 상황이 계속되면 학생들은 지쳐 쓰러지고, 수포자의 길을 걷게 될 것이다.

거북이처럼 꾸준함이 중요하다

그럼 어떻게 해야 선행학습이 약이 될까? 우선 선행학습 전에 자신의 학습수준을 객관적으로 파악해야 한다. 자신 스스로 파악하기가 어렵다면 교사의 도움을 받아서라도 학습수준을 알아야 한다. 그래야만 선행학습이 나에게 의미가 있을지, 어떤 방식으로 할 것인지에 대한 계획을 세울 수 있다. 사실 선행학습이 문제인 것이 아니라, 자신의 학습수준을 고려하지 않는 방식이 문제다.

더구나 80% 정도의 학생들은 선행학습이 의미가 없다. 오히려 선행학습으로 현재 학년의 교과내용과 혼동하고, 과도한 학습에 부담을 느끼게 된다. 그래서 선행학습이 약이 되려면 자신을 정확히 진단하고, 과하지 않게 계획을 세워야 한다.

학습량이나 진도보다 학습의 깊이에 중심을 두고 계획을 세워야 한다. 선행학습이 도움이 되려면 자신의 정확한 수준 파악과 적절한 계획이 필요하다.

학생들에게 선행학습을 이야기할 때 토끼와 거북이 우화를 예시로 들곤 한다. 토끼와 거북이 우화에서 자신의 수준에 맞춰 꾸준히 기어가는 거북이가 빨리 달려가다가 여유를 부리며 쉬는 토끼에게 승리한다.

마찬가지로 자신의 수준에 맞지 않게 과도하게 달려가는 선행학습은 토끼와 같은 실수를 할 수 있다. 예습이든 선행학습이든 승패는 꾸준함에 있다. 무조건 앞으로만 달려간다고 해서 승리하는 것만은 아니기 때문이다.

우리 삶 속에서 승리가 보장된 것은 없다. 미리 달려간다고 해서 천천히 기어가는 거북이를 항상 이기는 것도 아니다. 그러나 꾸준함과 성실함은 여러분들을 좋은 방향으로 이끌어준다. 선행학습이 독이 될지, 약이 될지는 자신에 대한 정확한 이해와 꾸준한 실행에 달려 있다.

선행학습을 예습의 범주 안에서 시작해 깊이 있는 학습으로 이어간다면 의미 있고 좋은 결과로 이어질 수 있다. 또한 앞으로 달려가는 것보다 자신이 달려온 학습 내용의 깊이를 더욱 단단히 하는 것이 수학적인 힘과 감각을 키우는 데 든든한 밑바탕이 된다.

깊고 통합적인 공부가
수학 공부의 정답이다

수학에서 각각의 개념은 서로 관련이 있기 때문에 통합적으로 학습한다면 그 효과가 매우 크다. 깊이 있는 연결고리 학습법이 수학 공부의 해답인 이유다. 연결고리 학습을 통해 활용성 및 문제해결력이 향상될 수 있다.

수학은 단계형 교육과정으로 이루어진 과목이다. 각각의 개념은 서로 관련성이 있어 통합적으로 학습을 한다면 그 효과가 극대화된다. 단기간 선행학습보다 개념의 연결고리를 통한 깊이 있는 학습법이 더 필요한 이유다.

연결고리 학습법에 수학 공부의 해답이 있다. 관련성을 극대화할 때 오래 기억에 남아 있을 뿐만 아니라 활용성이 확장되어 문제해결능력이 향상된다.

개념학습·기본학습·심화학습·선행학습 등 학습의 방법을 대변해주는 말들이 많다. 모든 방법은 나름대로의 특징을 가지고 있다. 개념학습은 개념을 정확하게 이해하는 것에 초점을 맞춰 진행되는 학습법이고, 선행학습은 앞으로 배워나갈 내용을 미리 학습하는 방법이다.

어떤 방법이든 과하지 않게 잘 활용한다면 효과적인 학습이라 할 수 있다. 그래서 다양한 학습 방법 중 자신에게 적합한 방법이나 부분을 찾아내 자신의 것으로 만드는 것이 중요하다.

그러나 학교에서 학생들의 수학 공부법을 관찰해보면, 자신의 학습방법이 아닐 뿐만 아니라 대부분 같은 방법으로 공부를 하고 있다. 사교육을 통해 선행학습을 하고 있고, 문제 풀이를 반복학습으로 하고 있다. 그것도 과도할 정도로 많은 시간을 투자하는 학생들이 많았다.

스스로 찾아낸 자신에게 적합한 공부 방법이 아닌, 끌려가듯이 하는 공부 방법은 효율적이지 않다. 게다가 과도한 선행학습은 학생들을 혼란 속에 빠뜨릴 수 있다. 사실 현재 학년의 학습이 어느 정도 완성되지 않은 채 과도한 선행학습을 하는 것은 의미가 없다.

수학은 단계형 교육과정이다. 그러므로 하위 단계의 개념이 완성되지 않으면 상위 단계의 개념을 이해하는 데 어려움이 생길 수밖에 없다. 겨우 한 계단을 올라갈 수 있는 어린아이에게 어른의 도움으로 서너 계단을 올라갔다고 해서 아이에게 걷기 능력이 생기는 것은 아니다.

그러나 우리는 그것이 바로 자신의 능력이라고 혼동하고 착각한다. 억지로 그러한 능력에 가까이 간다고 해도 많은 시행착오를 걸쳐 만들어진 능력이 아니라면 온전히 자신의 것이 아니다. 온전히 자신의 것이 되어야만 어떤 상황에서도 능력을 발휘할 수 있다. 슬픈 이야기지만 많은 중고등학생이 수학 공부를 하는 모습이다.

수준과 관심도를 고려한 깊이 있는 학습

나는 학생들에게 깊이 있는 학습이 효과적이고, 필요하다고 말한다. 깊이 있는 학습은 기본내용부터 심화내용까지 포함한 통합적 선행학습이라 할 수 있다. 물론 깊이 있는 학습에서도 가장 중요한 것은 학생의 수준과 관심도를 고려해 어느 정도의 깊이까지 공부할 것인가를 결정해야 하는 것이다.

선행학습은 대개 학년 단위로 계획해 학습을 한다. 중학교 1학년을 마무리하고, 2학년, 3학년으로 확장해나간다. 그것도 단기간에 개념과 문제 풀이만 하고 바로 다음 단계로 넘어간다.

그러다 보니 과도하게 선행학습을 하고 있는 학생들은 이전 학년의 쉬운 개념조차 기억하지 못하는 우스운 일이 벌어지기도 한다. 몇 년 전에 선행학습으로 배운 개념이고, 교실 수업에서도 배웠는데도 말이다.

이것이 학생이 수업에 임하는 열정과 관심도의 부족 때문이라고만 할 수 있을까? 물론 그러한 이유도 있지만 과도한 선행학습으로 인해 각각의 개념을 연결해 공부하는 데 어려움이 있기 때문이다. 그래서 나는 깊이 있는 학습을 강조하곤 한다. 깊이 있는 학습은 현재 배우고 있는 단원의 심화학습이다. 더 정확하게 표현하자면 현재 단원의 앞뒤의 개념을 하나로 연결해 통으로 학습하는 것을 말한다.

예를 들어 여러분들이 중학교 2학년에 나오는 일차함수를 배운다고 하자. 그럼 현재 학년에 배우는 일차함수와 관련된 내용을 확인하는 것이 우선이다. 중학교 1학년 때 배웠던 정비례, 반비례 관계를 포함해 함수단원에서 배우는 용어, 개념 등을 먼저 정리하는 것이 필요하다.

그런 다음 현재 학년에서 배우는 일차함수의 개념을 철저하게 정리해 자신의 것으로 만든다. 문제 풀이를 해보고, 개념의 이해정도를 파악해본다. 만약 개념을 정확하게 이해하고, 문제 풀이에도 문제가 없다면 상위학년의 개념을 함께 공부해보는 것도 좋다.

함수 단원이라면 중학교 3학년 때 배우는 이차함수까지 확장해 공부를 해나갈 수 있다. 물론 관련성이 있다고 무조건 확장해 공부하는 것은 문제가 있을 수 있다. 다음 학년의 개념을 공부할 준비가 되어 있어야 한다. 자신의 학습수준을 정확하게 파악해 다음 학년까지 확장할지를 결정해야 한다.

　선행학습과 마찬가지로 학습수준과 관심도를 고려하지 않고 무조건 깊이 학습 하는 것은 의미가 없다. 다만 학년별 선행학습보다 개념의 연결고리를 통해 단원별 학습이 더 효과적이라고 말할 수 있다.

개념의 연결고리를 통한 깊이 있는 학습법

우리 뇌는 관련성을 극대화시킬 때 기억을 쉽게 할 뿐만 아니라 머릿속에 오래 기억으로 남겨둔다. 특히 수학 개념을 공부하는 것이라면 정확하게 오래 기억하는 것이 무엇보다 중요하다. 기억한 개념을 통해 문제를 파악하고 적용해서 해결할 수 있기 때문이다.

　그럼 어떻게 공부해야 개념을 정확하고 오래 기억할 수 있을까? 수학 개념의 관련성을 최대로 높여야 한다. 예를 들어 함수의 개념을 한자 '函數'와 영어 'function'으로 표현해 관련성을 높여 기억하는 것이다. 한자 函함은 '상자 함'이고, 영어 'function'은 기능이나 작용을 의미하는 단어다. 이것으로 함수는 상자 안에 무언가가 들어가서 일정한 규칙에 따라 작용을 해준 후 무언가를 내보내는 요술 상자와 같다는 생각을 할 수 있다.

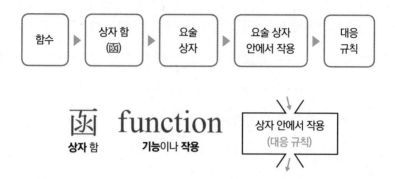

이런 방법으로 함수 단원의 용어와 개념이 정리되었다면, 연결고리를 통한 개념을 확장할 수 있다.

다음은 중학교에서 배우는 함수의 개념을 정리한 계통도다. 함수의 개념을 정리한 후에 두 변수 사이의 관계를 통해 정비례·반비례 관계로부터 일차함수와 이차함수로 개념을 확장해 나갈 수 있다.

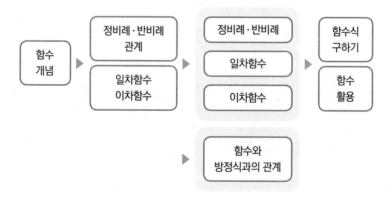

기본적인 개념은 동일하고, 관계식이 일차식·이차식으로 변함에 따라 그래프가 달라지고, 그에 따라 활용되는 부분이 달라지는 것뿐이다. 하나의 연결고리를 통해 학습을 한다면 이전 단계와 현재 단계, 다음 단계까지 한 번에 공부할 수 있다. 이렇게 하면 자연스럽게 복습과 예습, 현재 학년의 개념을 이해하고 정리하는 데 많은 도움이 된다.

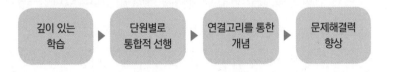

수학시험에 두려움이 있는 학생

'시험이 너의 인생을 결정한다.' 학교 밖 건물 여기저기에 걸려 있는 학원 광고들이다. 시험을 보고 그 결과에 따라 줄을 세운다. 그 줄에 서는 것은 너무나도 괴로운 일이다. 자신이 열심히 준비를 하고 운이 좋아서 맨 앞줄에 선다고 해도 그리 즐거운 일만은 아니다. 왜냐하면 항상 내가 맨 앞줄에만 설 수 있는 것은 아니기 때문이다.

시험이 학생들의 인생에 지대한 영향력을 미치는 요즘이다. 시험이란 과정을 통해 대학에 들어가고, 직장에 들어간다. 그것도 맨 앞줄에 서야만 좋은 대학과 좋은 직장에 들어갈 수 있다. 시험은 누구에게나 어렵고 두려운 과정이다. 그러다 보니 중고등학생들에게 시험이란 즐겁지 않은 것이다. 시험을 두려워하는 학생들도 있다.

학생들은 시험기간만 되면 정신이 없다. 아니, 시험 준비 기간만 되면 모든 것이 시험에만 초점을 맞춰 살아간다. 요즘 학생들은 최소한 시험 3주 전에는 준비를 해야 한다고 말한다. 시험 3주 전이면 중간고사를 보고, 며칠 후에 바로 기말고사를 준비해야 하는 수준이다. 계속 시험을 준비하고, 시험을 보고, 또 시험을 준비하는 삶을 살아가고 있는 것이다.

거기에다가 선행학습도 해야 하니, 매일매일이 시험을 위한 준비 단계라고 해도 과언이 아니다. 당연히 학업에 대한 스트레스, 특히 시험에 대한 부담감을 갖고 생활하고 있다.

몇 년 전의 일이다. 학부모와 학생이 나에게 상담을 신청해 왔다. 이 학생은 학업에 대한 호기심이 많고, 매우 성실한 학생이었다. 매일매일 자신의 일정을 계획해 열심히 공부하는 학생이었다. 수학 개념도 잘 정리해 이해하고 있었고, 기본적인 문제 풀이도 잘하는 수준이었다. 나름대로 시험 대비를 잘하고 중간고사를 봤는데, 생각보다 성적이 너무 낮아 충격적이었다고 말했다.

사실 이 학생을 평소 수업시간을 통해 봐왔기 때문에 공부 습관이나 태도에는 아무런 문제가 없다는 것을 잘 알고 있다. 또한 정리한 노트를 통해 학생의 열정도 확인할 수 있었다. 학습을 할 때 가장 중요하고, 필요한 습관이나 태도, 열정 등을 잘 갖추고 있었다. 또한 문제의 해결방안을 찾아 풀이하는 능력도 준수한 편이었다. 그런데 시험에서는 기본적인 문제를 틀린 것이었다.

학생에게 그 이유에 대해서 질문했다. "너는 이번 시험의 결과가 무엇 때문이라 생각하니?" 학생은 작은 목소리로 "선생님, 제가 공부를 제대로 안 해서 그런 것 같아요"라고 대답했다.

그 대답에 잠시 생각을 하다가 질문했다. "그럼 어떤 것을 제대로 안했다고 생각하니?" 학생은 바로 답변을 했다. "개념도 더 철저하게 공부했어야 했고, 문제도 더 많이 풀었어야 했는데 그렇게 하지 못했어요."

대부분 시험을 망치고 나서 학생들이 하는 말이다. 물론 정말 철저하게 준비하지 않은 경우도 있다. 그러나 꽤 많은 학생들이 시험을 대비해 나름대로 공부했음에도 불구하고, 자신이 원하는 성적은커녕 최소한의 점수조차 얻지 못하는 경우도 많다.

무엇이 문제일까? 상담을 신청한 학생처럼 대부분의 학생은 겉으로 보이는 공부 습관에는 아무런 문제가 없어 보인다. 그러나 좀더 깊이 그 학생의 공부패턴이나 습관 등을 확인해보니 두려움이 많다는 것을 알게 되었다.

공부할 때 개념 정리를 해서 철저하게 자신의 것으로 만드는 과정 없이 문제 풀이에 도전한다. 문제를 풀이하면서도 내가 잘 풀어낼 수 있을까하는 두려움도 가지고 있다. 혹시라도 문제를 해결해내지 못하면 스스로 자책을 하는 경우도 있다.

누구나 처음부터 잘 하는 사람은 없다. 그런데 두려움이 많은 학생들은 자신의 부족함을 잘 드러내지 못한다. 수학 문제 풀이를 과정으로 보지 못하고 결과만 본다. 그러다 보니 시험을 준비하는 단계부터 많은 부담감을 갖게 되는 경우가 많다.

이런 하나하나의 과정들이 고스란히 학생의 마음속에 남게 된다. 과정에서부터 두려움이 몰려오니, 실제 시험에 들어가서는 자신이 준비한 만큼의 성과를 거두는 것은 정말 어려운 일이 된다. 상담을 하러온 학생도 문제 풀이에 대한 두려움, 시험에 대한 두려움을 가지고 있었다. 그 두려움 때문에 더 많은 준비를 해야 한다는 생각으로 매일매일 열심히 공부했다. 그러나 두려움으로 준비과정은 실제 시험에서 큰 영향력이 없었다.

오히려 자신이 열심히 공부했음에도 척척 해결해내지 못하는 상황에 화를 낼 정도였다. 이런 상황이 몇 번씩 지속되면 이 학생은 두려움으로 공부를 포기하게 될지도 모른다. 두려움만큼 이겨내기 어려운 것은 없기 때문이다.

지금 이 학생에게 필요한 것은 무엇일까? 더 많은 공부를 해서 그 두려움을 이겨내야 할까? 아니다. 공부와 평가는 다르다. 물론 자신의 공부한 내용을 정확히 알고 있는지를 확인하는 것이 평가지만, 평가는 짧은 시간에 자신이 공부한 내용을 기억하고 적용하는 능력을 판단하는 것이다. 그렇기 때문에 평가에서는 마인드와 함께 전략이 중요하다.

이 학생은 시험에 대한 강한 두려움으로 시험기간만 되면 몸이 아프고, 평소와 다르게 효율성이 떨어진다고 했다. 이러한 생각은 학생 스스로가 이겨내야 하는 것이지만, 부모님과 교사를 비롯해 주위사람들이 강한 믿음을 주어야 한다.

지금 당장은 시험의 결과에 연연하지 말고, 스스로 강한 마음을 키워나가야 한다. 이 학생은 거의 3년 정도의 시간 동안 노력해서 시험에 대한 부담감과 두려움을 이겨냈다. 강한 마음을 가지게 되면서 결과도 좋아졌다. 사실 시험의 결과는 강한 마음과 성실한 태도가 절대적이라 할 수 있다.

사람들은 어려움이 있을 때 한 번만 극복해내면 그 다음부터는 자신감이 생긴다. 또다시 어려움이 오더라도 자신감으로 무장한 이상, 그것은 더 이상 어려움이 아니라고 생각한다.

여러분들에게 시험에 대한 두려움이 있다면 평소 공부하는 과정에서 실제 시험을 보는 상황을 상상해봐야 한다. 시험상황에서 문제를 풀이하고 정리한다고 생각해봐야 한다.

누구나 두려움은 있다. 그러나 두려움이 시험을 망칠만큼은 아니어야 한다. 그래서 연습부터 시험의 상황을 만들어보고 상상해보는 것은 좋은 방법이다. 처음에는 익숙하지 않겠지만 이런 상황이 지속되면 점점 적응해나갈 것이고, 실제 시험에서도 연습한대로 할 수 있을 것이다.

또한 스스로 자신에 대한 믿음을 가지려고 노력해야 한다.

어떤 어려움이든 극복은 자신이 해야 한다. 누가 대신 해줄 수 있는 것은 아니다. 특히 두려움과 같은 정신적인 것은 더욱 그렇다. 스스로 믿음을 가져야 하고, 그 믿음 위에 부모님들의 격려와 기다림이 두려움 극복의 원동력이 된다.

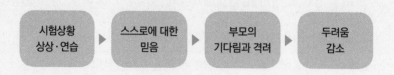

**수학 공부,
이것이
궁금하다**

"수학 개념을 익히고 문제를 풀 때, 틀린 문제가 많습니다. 스스로 해결할 수 있을 때까지
틀린 문제를 계속해서 풀이하는 것이 옳은 방법인가요?"

수학 공부에서 가장 중요한 것은 효율성입니다. 자신이 필요해
서 또다시 문제를 풀이하는 것은 바람직하지만, 강압적으로 백
점을 맞기 위해서 같은 문제를 또다시 풀이하는 것은 공부에
도움이 되지 않습니다. 오히려 백 점을 맞아야 한다는 생각이
앞으로 공부를 하고 시험을 보는데 트라우마가 되어 많은 스트
레스로 연결될 수 있습니다.

공부나 시험을 볼 때 적당한 스트레스는 유익하지만 트라우
마처럼 지나친 스트레스는 해가 됩니다. 수학 공부에서 효율성
이 떨어질 수 있고, 평가에서는 공부한 만큼의 결과로 연결되
지 않을 수 있습니다.

스스로 공부할 때도 지나친 과욕이 문제입니다. 사교육이나 부모의 강압에 의해서 틀린 문제를 계속 풀이하는 것은 앞으로의 공부에 좋지 않은 영향을 끼칠 수 있습니다.

가장 좋은 학습은 자신이 원해서, 스스로 계획을 세우고, 한 걸음 한 걸음 나아가는 깊이 있는 공부라 생각합니다. 교사나 부모는 아이가 자신의 부족한 부분을 찾고 이를 채워나갈 수 있도록 적당한 도움을 주는 것이 가장 효율적인 교육법인 것입니다.

틀린 문제가 있다면 한 번 정도 더 풀이하게 해보세요. 그래도 계속 틀리면 해결방안을 찾지 못하는 겁니다. 틀린 문제를 계속해서 풀이하는 것은 의미가 없고, 오히려 아이의 자신감만 떨어지게 할 수 있습니다. 그렇다고 무조건 가르쳐주거나 해법을 보는 것도 좋지 않습니다. 계속 풀이해보는 대신, 어떤 부분을 모르는지 확인해보는 것이 필요합니다.

직접 이야기하는 방법도 있겠지만, 아이가 풀이한 흔적을 보는 것이 좋습니다. 문제 풀이의 흔적이 없다는 것은 그 내용을 전혀 모르는 것입니다. 이때는 기본개념과 기본 문제부터 다시 시작해야 합니다.

수학 문제 풀이는 자신의 수준을 파악하기 위한 과정으로 보는 것이 가장 좋습니다. 오히려 문제 풀이 연습을 할 때는 틀린 문제가 생기는 것이 좋습니다. 실력이든 실수든 틀린 문제를 통해 자신을 파악하고, 부족함을 찾아 공부 계획을 변경할 수 있기 때문입니다.

틀린 문제를 통해 자신의 부족함을 찾았다면 정답에만 집중하지 말고, 부족한 부분을 채우기 위한 계획을 세워보세요. 그리고 실행에 옮겨보세요. 개념이 부족하면 개념을 다시 정리하고, 해결방안을 찾지 못했다면 유사문제 몇 개를 다시 풀어보세요. 이때 부모가 할 역할은 아이를 믿고 절대적으로 지지해주는 겁니다.

무조건 문제를 많이 풀고, 노력한다고 해서 항상 좋은 결과로 연결되지 않는다. 많은 학생의 고민거리다. 수학 공부 전에 내가 아는 것과 모르는 것을 정확하게 구분해야 한다. 이를 메타인지라고 한다. 메타인지가 활성화되면 자신의 장단점을 파악할 수 있다. 수학 공부 전에 자신의 부족함을 아는 것만으로도 절반 이상은 성공이다. 3장에서는 본격적인 수학 공부 전에 알아두어야 할 것을 정리했다. 용어의 중요성, 수학 개념의 연결고리, 수학에서도 독해가 필요한 이유, 퍼즐 문제 속에서 수학 공부의 목적과 방법 찾기 등이다. 효율적인 수학 공부를 위해 꼭 알아야 하는 것들이다.

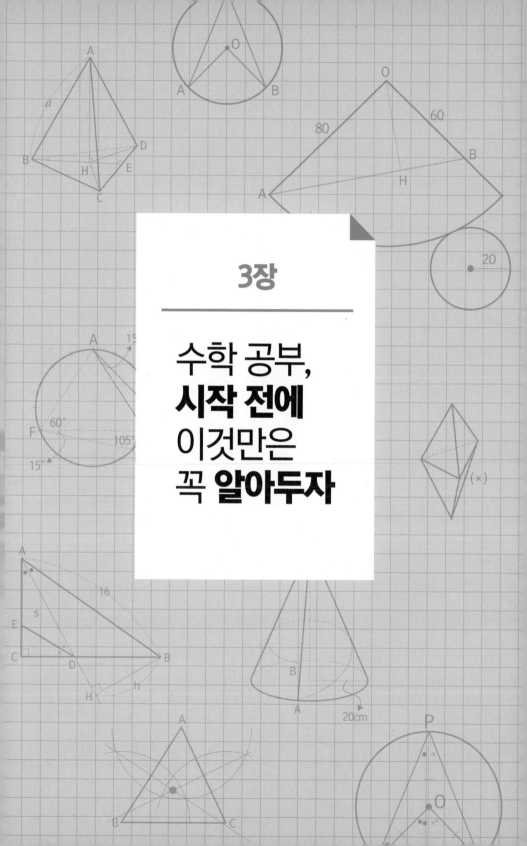

3장

수학 공부,
시작 전에
이것만은
꼭 **알아두자**

자신의 수준을 이해하고
장단점을 파악하자

메타인지는 내가 아는 것과 모르는 것을 정확하게 구분하는 능력이다. 공부 과정에서 메타인지가 작동되면, 자신의 장단점을 파악해 무엇을 해야 하는지 구체적인 계획을 세울 수 있다.

공부란 자신의 부족함을 찾아 채워나가는 과정이므로, 부족함을 파악하는 것만으로도 이미 반은 성공이다. 공부는 자신의 부족한 부분이 무엇인지 찾기 위한 노력으로부터 시작한다. 내가 아는 것과 모르는 것을 정확하게 구분할 때, 부족함이 선명하게 보일 것이다.

이때 활성화되는 것이 바로 메타인지다. 메타인지는 내 머릿속의 거울 같은 존재라고 말할 수 있다. 거울을 통해 모습을 보는 것과 같이, 메타인지를 통해 생각을 들여다볼 수 있기 때문이다. 이제 메타인지를 활성화해 자신의 학습수준과 장단점을 파악해보자.

공부에서 메타인지의 중요성

"지피지기면 백전백승, 메타인지로 자신의 장단점을 알아야 한다." 공부 방법을 이야기할 때 자주 듣는 말들이다. 전쟁터에서 나를 알고 상대방을 알면 백번 싸워 백번 이긴다는 '지피지기면 백전백승'은 공부하고 시험을 보는 것을 전쟁터로 묘사해 시험의 중대함을 말한다. 자신의 장단점을 알라는 말은 당연한 말처럼 들리지만 공부에서 가장 어려운 것이다. 최근 들어 가장 많이 이야기되는 것이 바로 메타인지다.

메타인지는 높은 차원의 생각하는 능력으로, 내가 아는 것과 모르는 것을 정확하게 구분할 수 있는 능력이다. 즉 자기 자신의 능력치를 정확히 이해하고 있다는 말이다. 내가 무엇을 알고 무엇을 모르는지 자신의 수준을 이해해 장단점을 파악할 수 있는 힘이다.

메타인지는 효율적인 공부에서 가장 중요한 능력이다. 예를 들어 메타인지가 작동되는 학생이라면 공부를 시작하기 전에 자신이 아는 내용과 모르는 내용을 정확하게 알 수 있다. 모르는 내용을 어떻게 공부할 것인지를 생각하고, 세부적인 계획을 세우고 실제 공부시간에는 자신의 모르는 부분을 채워나가는 방식으로 시간을 효율적으로 이용할 수 있다.

수없이 말했지만 공부란 자신의 부족함을 채워나가는 과정이다. 무엇을 정확히 모르는지 아는 것만으로도 절반은 승리한 것이다. 그런데 많은 학생은 메타인지가 작동되지 않는다. 그러다보니 자신이 무엇을 알고 모르는지 파악도 되지 않는다.

어쩌면 이런 것에 전혀 관심도 없다. 그냥 누군가가 좋다고 만들어놓은 계획에 따라가기만 한다. 때로는 따라가기에도 버겁고, 힘들다. 그 과정에서 자신에 대한 파악은 없다. 너무나 비효율적이다. 100개 중 내가 모르는 10개가 중요한데, 이미 알고 있는 90개를 반복해서 암기식으로 공부하는 것과 같다.

메타인지가 작동되지 않으면 내가 어떻게 공부할 것인가를 계획할 수 없다. 시작부터 문제가 생기고, 결국 좋지 않은 결과를 만들어낼 것이다.

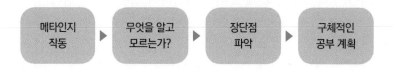

메타인지의 활성화 방법은?

그럼 메타인지는 어떻게 해야 활성화되고 향상될까? 메타인지는 머릿속의 거울과 같은 존재로 비유하곤 한다. 거울을 통해 내가 아는 것과 모르는 것이 무엇인지를 알아내는 것이다. 이

거울은 대상을 왜곡시키는 볼록이나 오목이 아닌 평면이다. 거울로 비춰지는 나의 생각을 왜곡시키지 않고 있는 그대로 정확하게 보여준다.

그러나 대충 아는 것을 스스로 알고 있다는 식으로 왜곡해서는 안 된다. 대충 알거나 운 좋게 정답을 찾아낸 것이 아니라, 내가 알고 있는 것을 남에게 설명할 수 있을 정도로 알아야 정말 아는 것이다.

이제 메타인지를 활성화해 향상시키는 데 집중해야 한다. 다음과 같은 방식으로 자신의 뇌를 활성화하면 메타인지를 더욱 향상시킬 수 있다.

첫 번째는 스스로 묻고 질문하는 것이다. 아주 단순한 것 같지만 수학 개념과 문제 풀이 하나하나에 집중해 의문점이 생기면 스스로에게 질문해보자. 그리고 그 질문에 대한 정답을 찾아보자. 수학 개념과 문제 풀이의 전체가 아니라도 좋다. 전체 중에 일부라도 좋고, 내용이나 용어 하나라도 좋다. 스스로 질문을 던지고 답을 찾기 위한 노력만으로도 메타인지는 활성화될 수 있다.

두 번째로 친구와 함께 질문하고 답변을 해보는 것이다. 수학 개념이라면 스스로 질문하고 답변해 보는 것만으로도 충분하지만, 수학 문제는 핵심을 찾지 못하면 해결 방향조차 잡을 수 없다. 이런 경우에 친구와 함께 서로 질문하고 답변해보자.

친구를 통해 자신이 생각하지 못했던 부분을 알게 될 수 있고, 친구에게 설명해줌으로써 개념을 다지고, 문제해결력을 향상시킬 수 있다.

유대인의 전통적인 교육법인 하브루타(두 명이 짝을 지어 서로 토론을 통해 지식을 이해하는 학습법)와 같이 친구와 함께 공부한 내용을 이야기하고, 질문과 답변을 주고받는 과정에서 다양한 아이디어를 발견해낼 수 있다. 이 과정에서 메타인지는 더 활성화된다.

마지막으로, 배운 내용을 정리하는 것이다. 수업시간의 선생님의 설명과 자신이 공부한 내용을 정리해보자. 선생님의 설명을 그냥 듣거나 눈으로만 하는 공부는 메타인지에 도움이 되지 않는다. 듣고 눈으로 본 공부내용을 자신의 것으로 만들기 위해서는 정리를 해야 한다. 필요하다면 질문을 통해 자신의 것으로 만들어야 한다. 이 과정 속에서 메타인지는 더 활성화되고 향상될 것이다.

메타인지에 집중하면 변화가 시작된다

우리는 대부분 메타인지가 무엇인지 모르고 공부한다. 그러나 성적이 좋은 학생들은 공부 과정 속에서 이미 메타인지가 활성화되고 있다. 공부시작 전에 자신이 무엇을 알고 무엇을 모르는지를 잘 파악한다. 자신의 장단점을 파악해 부족함을 채워나가기 위한 계획을 세운다.

하나하나 개념에 대해 질문을 던지고 그 이유에 대해서 찾으려고 노력한다. 스스로 질문을 만들어보고, 친구들에게 설명도 한다. 때로는 교사가 되어 문제도 만들어보고, 친구들과 함께 풀이해보기도 한다.

만약 여러분들이 공부하는 것에 비해 결과가 좋지 않다면 메타인지에 집중해야 한다. 공부하기 전에 자신이 무엇을 알고 모르는지 노트에 써보자. 공부의 승패는 자신을 정확하게 아는 것부터다.

자신의 장단점이 파악되면 더 구체적인 공부 계획을 세우고, 적극적으로 실천하자. 그럼 자신이 생각했던 것보다 더 좋은 결과를 얻을 수 있다. 이것이 바로 메타인지다.

용어의 정확한 이해가
수학 공부의 시작이다

수학 공부의 기본 중 기본은 용어의 정확한 이해다. 용어를 정확히 알아야 개념을 이해하고, 문제 풀이에 적용할 수 있기 때문이다. 용어 하나하나를 명확하게 이해하려는 노력이 수학 공부의 시작이다.

수학 공부의 시작이자 핵심은 용어의 정확한 이해다. 정확한 용어를 알고 있어야 수학 개념을 이해해 활용할 수 있기 때문이다. 수학지식을 쌓아나가기 위해 기초공사를 하는 것과 마찬가지다. 기초가 튼튼해야 그 위에 개념과 다양한 문제의 경험들을 쌓아나갈 수 있다. 용어 하나하나를 정확하게 이해하려는 노력이 수학 실력을 향상시킬 수 있는 초석이 될 것이다.

초등학교 저학년에게 중학교 수학책을 주고 읽어보라고 하면, 대개는 도통 무슨 말인지 모른다. 그 이유는 뭘까? 용어가 낯설기 때문이다. 어디서 들어본 것 같은 용어라도 짐작으로밖에 알 수 없고, 생소한 용어는 이해조차 되지 않는다.

기본적인 용어에 대한 이해가 되지 않으니, 내용을 파악하는 것은 당연히 불가능하다. 그만큼 어떤 공부든 용어의 이해가 우선이 되어야 하고, 필요하고, 중요하다. 용어의 정확한 이해가 수학 공부의 시작이라 할 수 있다.

수학용어를 어떻게 공부해야 할까?

대부분의 학생은 수학 교과서에 나와 있는 용어를 큰 의미 없이 문자 그대로만 받아들인다. 특별히 꼼꼼하게 살펴보거나 확장해 용어를 정리하는 일은 거의 없다. 그냥 한 번 듣고선 알고 있는 용어라고 생각한다.

그러나 용어의 이해가 중요한 개념을 알고 있는지 아닌지로 결정되는 것은 아니다. 정확하게 알고 있느냐가 핵심이다. 문자 그대로 의미를 간단히 아는 것은 문제해결을 위한 실마리를 찾는 것에 전혀 도움이 되지 않는다.

실제 시험에서 출제되었던 문제를 통해 용어의 중요성에 대해서 알아보자. 다음은 중학교 2학년 시험에서 나왔던 문제다. 정다각형의 용어를 정확히 알고, 참·거짓을 확인해 설명까지 묻는 문제다. 먼저 문제를 읽어 직접 풀이해보자.

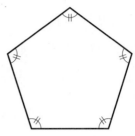

문제 ◆ 정오각형을 "다섯 내각의 크기가 모두 같은 오각형"이라고 정의할 때, 다음 물음에 답하라.

(1) 위의 정의가 참인지 거짓인지를 쓰시오.

(2) 위의 정의가 참이면 증명을 하고,
　　거짓이면 예를 들어 설명하시오.

위의 문제는 중학교 2학년 '다각형의 성질' 단원에서, 용어의 정의를 제대로 알고 있는지를 파악하는 문제다. 특히 정다각형의 정의를 정확하게 이해하고 있는지를 묻는 문제다. 정다각형은 다각형을 구성하는 요소인 변의 길이와 내각의 크기가 모두 같은 도형이다.

그런데 정삼각형의 정의는 '세 변의 길이가 모두 같은 삼각형'이다. 내각의 크기가 같다는 것은 정의에 포함되어 있지 않다. '왜 그럴까?'라는 생각을 하면 삼각형에서 세 변의 길이가 모두 같을 경우 합동을 통해서 세 내각의 크기는 당연히 같아진다는 것을 알 수 있다.

그러나 많은 학생은 문자 그대로만 받아들인다. 그러다 보니 정사각형, 정오각형 등의 정의에 대해 혼동하기 시작한다. 정사각형의 정의는 '네 변의 길이가 모두 같고, 네 내각의 크기가 모두 같은 사각형'이다. 정삼각형과 정사각형의 정의를 유심히 살펴보지 않으면 정오각형의 정의를 정확하게 이해하지 못하는 경우가 발생한다.

정다각형 중에서 정삼각형만 정의가 '세 변의 길이가 모두 같은 삼각형'이고, '정사각형, 정오각형, 정육각형' 등은 변의 길이와 내각의 크기가 같은 모두 다각형이어야 한다. 일반적으로 수학용어는 명료함과 간결성을 가지고 있어야 한다.

항상 만족하는 것을 굳이 정의에 추가할 필요는 없다. 그래서 정삼각형은 세 변의 길이가 같은 삼각형이면 충분하다.

그러나 정사각형을 '네 변의 길이가 모두 같은 사각형'이라 한다면 마름모가 될 수 있다. 또한 정사각형을 '네 내각의 크기가 모두 같은 사각형'이라고 한다면 직사각형이 될 수 있다. 그렇기 때문에 정사각형부터는 변의 길이와 각의 크기가 모두 같아야 한다.

다시 위의 문제로 돌아가면 정오각형의 정의로 '다섯 내각의 크기가 모두 같은 오각형'이라고 하면 만족하지 않는다. 그 이유를 그림으로 나타내면 다음과 같고, 용어를 정확하게 이해하는 데 도움이 된다.

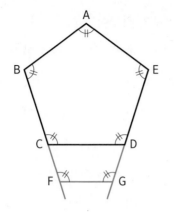

다섯 내각의 크기가 모두 같은 오각형은 다섯 변의 길이가 달라질 수 있다. 그림과 같이 $\overline{CD}\,/\!/\,\overline{FG}$인 직선을 그으면 내각의 크기는 같지만 다섯 변의 길이가 다른 오각형을 무수히 많이 만들 수 있다.

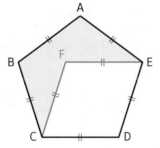

다섯 변의 길이가 모두 같은 오각형은 다섯 내각의 크기가 달라질 수 있다. 그림과 같이 마름모를 그리면 안쪽에 나타나는 오각형은 다섯 변의 길이는 같지만 다섯 내각의 크기는 다르다.

이렇게 위와 같이 수학용어를 그림으로 기억하게 되면 정확하게 이해할 수 있다는 장점이 있다. 그림이든 표든 자신의 방법을 찾아, 수학용어나 개념을 정확하게 이해하는 데 초점을 맞추어 공부하는 것이 필요하다. 정확한 수학용어의 이해는 문제를 파악하는데도 도움이 될 뿐 아니라 해결방안을 찾아내는데도 중요한 역할을 한다.

앞으로 수학을 공부할 때 간단한 수학용어와 개념이라도 정확하게 이해하려고 노력해야 한다. 너무나도 당연한 이야기지만 정확한 수학용어 이해가 수학 공부의 시작이고 핵심이다.

이 당연한 것을 어떻게 공부하느냐에 따라 어떤 결과로 연결될지가 결정된다. 수학용어 하나하나를 그림이나 표 등 다양한 방법으로 정리해보고, 반드시 자신의 것을 만들어야 한다. 자신의 것이 되어야만 적용하고 활용할 수 있는 능력이 생긴다.

또한 수학용어와 개념이 왜 그런가에 대한 생각과 함께 깊이 있는 공부를 해나간다면 수학적인 감각이 생길 것이다. 이 수학적인 감각은 문제 풀이에서 강력한 힘이 될 것이다.

시작이 반이다. 여러분들의 수학 공부의 시작은 정확한 수학용어의 이해라는 것을 명심하길 바란다.

수학 개념의
연결고리를 이해하자

수학 개념은 계단처럼 연결되어 있어 단원별 관련성이 매우 많다. 그래서 개념의 연결고리를 통한 학습법이 필요하고 중요하다. 전체를 봐야 지금 배우는 개념이 왜 중요한지를 알 수 있기 때문에 공부의 효율성을 높일 수 있다.

수학 개념은 계단을 한 계단 한 계단 올라가듯 이전 단계와 현재 단계가 관련성이 있고, 다음 단계와 연결되어 있다. 그래서 수학 개념을 공부할 때 각 개념 사이의 연결고리를 파악하고 이해하는 것이 중요하다.

개념들 간에 관련성을 최대로 높이면 각각의 개념들을 이해하는 데 도움이 될 뿐만 아니라 서로 간의 개념을 연결해 확장까지 가능하다. 그만큼 연결고리를 통한 수학 개념 익히기는 매우 유용한 공부법이라 할 수 있다.

우리가 배우는 수학 개념은 나무의 뿌리와 가지처럼 서로 연관성이 많다. 수학을 접하면서 처음으로 배우게 되는 수의 개념과 연산은 나무의 뿌리와 같은 존재라고 할 수 있다. 나무가 무럭무럭 잘 자라기 위해서 뿌리가 튼튼해야 하는 것처럼, 수학의 개념을 잘 이해하고 활용하기 위해서 수의 개념과 연산을 정확하게 이해하고 단단히 해야 한다.

처음에는 1~100까지 수가 적혀 있는 숫자판을 읽으면서 자연수와 친해졌고, 숫자가 익숙해지면 작은 수의 덧셈과 뺄셈부터 계산방법을 배운다. 그 이후에 구구단을 외우고, 곱셈과 나눗셈의 계산방법도 배우게 된다. 0과 음의 정수를 알게 되면서 수의 범위를 정수까지 넓히고, 그 안에서 사칙연산을 배우고 연습한다.

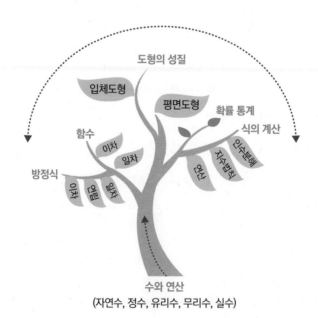

(자연수, 정수, 유리수, 무리수, 실수)

또한 유리수, 무리수, 실수의 개념을 배우고, 그 안에서의 계산 방법을 연습해 범위를 더 확장해나간다.

수의 개념과 연산이 중요한 이유는 뿌리에서 모든 가지에 물을 공급해주듯 수학 개념들을 적용할 범위와 계산의 시작이기 때문이다. 그만큼 수의 개념과 연산방법은 모든 줄기로 물을 공급해주는 나무의 뿌리와 같이 앞으로 수학을 공부해나가는 데 중요한 역할을 한다.

수의 집합은 범위를 결정한다

우리가 배우는 수 집합은 자연수, 정수, 유리수, 무리수, 실수 등이 있다. 수 집합은 주어진 상황이나 문제를 해결할 때 범위를 결정해주는 역할을 한다. 결정된 범위 안에서 해결방안을 찾으려는 노력을 하고, 그 안에서 계산을 통해 정답을 찾는 것이 일반적이다.

이것이 바로 해결방안을 통해 얻은 정답보다 수 집합의 범위를 먼저 확인해야 하는 이유다. 그만큼 수 집합을 확인하는 것은 수의 개념, 연산방법과 함께 수학 공부의 기본 중에 기본이다.

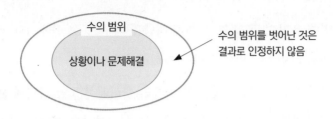

예를 들어 다음과 같은 방정식 문제에서 수의 범위가 자연수인 경우와 유리수인 경우는 해답이 다를 수 있다. 왜냐하면 해답보다 더 우선이 되는 것이 바로 수의 범위이기 때문이다

(예) 미지수가 2개인 일차방정식 $x+2y=6$을 풀어라.

수의 범위	풀이 과정	확인
x, y : 자연수	$(1, \frac{5}{2})$, $(2, 2)$, $(3, \frac{3}{2})$, $(4, 1)$, $(5, \frac{1}{2})$, $(6, 0)$	x, y가 모두 자연수이므로 y가 자연수가 아닌 경우는 제외
x, y : 실수	$\cdots (1, \frac{5}{2})$, $(2, 2)$, $(3, \frac{3}{2})$, $(4, 1)$, $(5, \frac{1}{2}) \cdots$	x, y가 모두 실수이므로 무수히 많은 해가 존재

위의 예제와 같이 수의 범위가 우선이 되고, 풀이 과정에서 반드시 확인을 해야 한다. 그만큼 문제나 상황을 해결하기 위해 수의 범위를 확인하는 것은 매우 중요하다. 수의 범위를 확인했다면 경계가 정해진 것이다. 그 다음에는 그 경계 안에서 수의 연산을 통해 문제나 상황을 해결해나가면 된다.

각 개념들 사이의 연결고리를 알자

수의 개념과 연산방법이 나무의 뿌리와 같은 것이라면 방정식, 함수, 도형과 같은 단원은 나무의 가지라고 할 수 있다. 수의 개념과 연산을 바탕으로 각각의 단원 안에서 현재 학년의 개념들을 먼저 공부하고, 이전 학년이나 이후 학년의 개념도 관련성이 있으므로 함께 공부할 때 최대의 효과를 낼 수 있다.

예를 들어 방정식이라는 가지를 보면 일차방정식, 연립방정식, 이차방정식 등의 나뭇잎들이 있다. 하나의 가지에서 나온 개념들은 밀접한 관련성이 있다. 교육부에서 제시한 핵심성취기준에서도 알 수 있듯이, 방정식 단원에서는 각각의 방정식을 이해해 해를 구하고 활용해 문제를 해결할 수만 있으면 된다. 달라지는 것은 일차방정식, 연립방정식, 이차방정식의 차이만 있을 뿐이다.

따라서 현재 학년을 중심으로 하나의 연결고리로 교과내용을 재구성하면 방정식 단원 전체를 바라볼 수 있다. 전체를 알고 세부적인 개념을 정리하면 관련성이 극대화될 수 있다. 각각의 개념에서 변화되는 것만 학습하고, 이전 학년의 개념을 정리할 수 있다는 장점이 있다.

다음은 중학교 방정식 단원을 하나의 연결고리로 재구성한 것이다. 중학교 1학년부터 3학년까지 배우는 개념을 하나의 통으로 만들어 현재 학년을 중심으로 공부하면, 이전 학년의 복습과 앞으로 배울 선행학습을 함께할 수 있다. 물론 이 과정에서 현재 학년의 개념을 더 단단히 할 수 있는 것이 최대 장점이다.

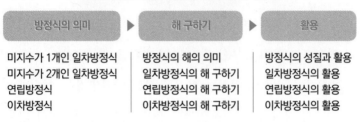

방정식 단원 : 개념의 연결고리를 통해 재구성

방정식의 의미	해 구하기	활용
미지수가 1개인 일차방정식 미지수가 2개인 일차방정식 연립방정식 이차방정식	방정식의 해의 의미 일차방정식의 해 구하기 연립방정식의 해 구하기 이차방정식의 해 구하기	방정식의 성질과 활용 일차방정식의 활용 연립방정식의 활용 이차방정식의 활용

* 해구하기가 핵심. 서로를 비교해본다.

또한 단원과 단원 사이에도 연결고리를 통해 관련성을 높여 공부하면 시너지효과를 낼 수 있다. 예를 들어 중학교 교과내용 중, 방정식과 함수단원을 확인해보자.

다음과 같이 똑같은 식을 하나는 방정식, 하나는 함수라고 부른다. 그 이유는 미지수가 2개인 일차방정식이든 일차함수든 미지수 x, y가 있는 등식이기 때문이다. 형태만 달리해 표현했을 뿐, 원래부터 같은 식이다.

$x - y + 1 = 0$: 미지수가 2개인 일차방정식

$y = x + 1$: 일차함수

'원래부터 같은 식'이라는 것이 무슨 의미가 있냐고 반문할 수도 있다. 그러나 같은 식이란 것으로부터 방정식의 해와 일차함수의 순서쌍(점)의 관계와 그래프까지 서로 관련이 있는 개념들을 함께 공부할 수 있다. 이처럼 수학에서는 한 단원의 개념도 중요하지만 두 단원 이상의 관계가 매우 중요하다.

학생들이 어렵다고 말하는 심화 문제들은 여러 단원의 개념을 복합적으로 이해해야 풀이 가능한 것들이 있다. 그래서 공부단계부터 단원과 단원 사이의 관련성을 확인해보는 것이 필요하다.

이렇게 연결고리를 통해 개념을 이해하면 한 단원의 전체 그림을 그릴 수 있다. 전체가 보이면, 그 안에 있는 각각의 개념이 왜 필요한지 왜 중요한지를 확인하고 파악할 수 있다. 또한 개념과 개념 사이의 관계를 통해 통합적인 이해를 할 수 있다.

이제 여러분들의 몫이다. 한 단원이든, 단원과 단원 사이든 자신의 방법으로 연결고리를 찾아보자. 개념에서의 연결고리 훈련이 되었다면 문제도 유형별로 나눠보고 정리해봄으로써 수학 공부의 효율성을 높여보자.

수학에서도 독해가
필요하고 중요하다

수학에서도 독해가 중요하다. 문제해결은 무엇을 묻는지 정확하게 파악하는 것으로 시작되기 때문이다. 수학용어와 개념을 이해해 익숙해지도록 노력하자. 그것이 정확한 독해 및 해결력에도 도움이 된다.

외국어도 아닌 수학에서 독해가 필요할까? 반드시 필요하다. 언어문제가 아니라 수학 문제라 할지라도 그냥 읽는 것만으로 문제파악이 되는 것은 아니다. 무엇을 묻는 문제인지를 확인하기 위해서는 외국어의 독해처럼 수학에서도 용어와 개념 하나하나를 꼼꼼히 살펴봐야 한다. 수학 문제에도 독해가 필요한 이유다.

수학에서도 독해가 가능해야 주어진 문제나 상황에 맞게 해결하고 답변을 할 수 있다. 그만큼 수학에서도 독해가 중요하다고 할 수 있다.

수학에서 독해가 중요한 이유

글을 읽어서 뜻을 이해한다는 독해, '수학에서 무슨 독해가 필요할까'라는 생각을 할 것이다. 외국어라면 독해의 과정은 반드시 필요하다. 독해를 통해 상대방의 생각을 파악할 수 있기 때문이다. 상대방의 생각을 읽을 수 있어야 적당하게 답변을 할 수 있다. 즉 의사소통이 가능한 것이다. 상대방이 무슨 말을 하고 있는지를 모른다면 기본적인 의사소통조차 불가능한 상황이 될 것은 뻔한 일이다.

수학은 우리말로 표현되어 있다. 그러나 그 속에 사용되는 기호와 수식을 알아야 하고, 개념을 이해하고 있어야만 문제가 무엇을 말하는지 파악할 수 있다. 비록 우리말이라 할지라도 수학에서도 독해가 필요한 이유다. 문제를 정확하게 독해해야 해결방안을 찾아낼 수 있기 때문이다.

대개 학생들이 문제를 모르겠다고 하면 독해가 되지 않는 경우일 때가 많다. 독해가 되지 않는 것은 문제에서 사용되는 기호와 수식 등이 낯설고, 필요한 개념들이 머릿속에 없다는 말과도 같다. 당연히 독해가 되지 않으면 해결은커녕 문제 이해조차 되지 않는 것이다.

그런데도 많은 학생은 수학 개념이나 문제의 정확한 독해와 이해 없이 문제를 풀이하려고 한다. 심지어 문제에서 사용되는 용어와 개념을 정확하게 몰라도 적당하게 풀이해서 정답을 찾아낸다. 많은 문제 풀이를 반복 학습하면서 유사문제 풀이에 익숙해진 것이다.

이런 방식으로는 결코 문제를 정확하게 풀이했다고 말할 수 없다. 이것은 문제 풀이 경험만으로 정답을 찾아내는 방식이다. 당연히 한계가 있을 수밖에 없다. 만약 정확한 독해와 이해 없이 반복되는 문제 풀이에만 집중한다면 활용능력이 점점 떨어질 수 있다. 사실 문제 풀이도 개념을 익히기 위한 과정이므로 문제 풀이 속의 개념과 해결방안을 찾아내는 것이 진정한 수학 공부다.

또한 반복적이고 기계적으로 문제 풀이를 해서 풀이 능력만 키우는 것은 학년이 높아질수록 점점 한계점에 다다르게 될 것이다. 학생들이 초등학교 때의 수학과 중학교 때의 수학, 고등학교 때의 수학 공부를 느끼는 것은 다르기 때문이다.

초등학교 때는 연산위주의 수학이므로 연산과 기본개념만 이해하고 있으면 교과를 이해하는 데 어려움이 없다. 그런데 중고등학교 때는 다르다. 특히 입시를 앞두고 있는 고등학교 때는 수학을 더욱 어렵다고 생각한다. 사실 어렵다는 것은 무슨 말인지를 모른다는 뜻이다. 독해가 되지 않는 것이다.

그래서 중학교 때부터는 수학에서 배우는 개념을 익혀 문제 하나하나 정확한 독해를 통해 해결방안을 찾아내는 연습을 해야 한다. 또한 시간이 많이 걸리더라도 문제 풀이를 수학 개념을 다지고 확장하는 과정으로 바라봐야 한다.

정확한 독해를 통해 해결방안 찾기

나는 학생들에게 문제 풀이는 공부가 아니라고 말한다. 문제 풀이를 통해 자신이 정확하게 알지 못했던 개념을 확인하고, 해결방안을 연습해보는 것이다. 그런 다음 부족했던 개념을 정리해 자신의 것으로 단단하게 만드는 것이 진정한 공부다.

물론 그 과정에서 문제에 대한 독해와 해결방안을 찾는 것도 중요하다. 정확한 독해 과정을 통해 자신의 부족함을 명확하게 찾아낼 수 있기 때문이다.

실제로 학생들은 문제에 대한 정확한 독해가 되지 않아, 해결방안을 찾지 못하는 경우가 상당히 많다. 예를 들어 중학교 1학년 때 배우는 동위각과 엇각에 대해 이야기해보자.

두 개의 직선과 다른 한 직선이 만나면서 생기는 교각 중에서 같은 쪽 위치에 있는 것을 동위각, 서로 엇갈려 있는 것을 엇각이라 한다. 교과서에서 동위각과 엇각의 뜻을 배우고, 직선의 평행을 배운다. 두 직선이 평행할 때 동위각이나 엇각 위치에 있는 각의 크기가 같다.

그런데 나름 수학을 잘한다는 학생들도 중학교 2학년, 3학년이 되면 두 직선이 평행할 때만 같다는 것을 제대로 확인하지 않는다. 즉 가장 기본적인 개념에 대한 독해도 제대로 되지 않는 것이다.

또한 교과서를 보면 단원마다 새로운 개념을 배우고, 그 개념을 익힐 수 있는 기본 문제가 나온다. 그런 다음 활용 문제나 창의력 문제가 나온다. 특히 활용 문제는 글이나 문장으로 구성된 문장제 문제이거나 도형으로 나타낸 유형인 것들이 많다.

이 경우 기본 문제와 달리, 문제를 하나하나 꼼꼼하게 살펴보는 독해 과정이 더욱 필요하다. 많은 학생이 활용 문제를 힘들어하는 이유가 독해에 있다.

독해는 그냥 문제를 읽는 것이 아니다. 문제 속에서 사용된 용어를 정확히 이해하고, 어떤 개념을 활용할 것인가를 찾아서 해결방안으로 연결되는 과정의 시작이다.

독해가 되지 않은 상태에서 문제 풀이를 하는 것은 의미 없다. 어차피 문제 풀이도 수학 개념을 정확하게 이해하고 있는지를 확인하는 과정이고, 이 과정을 통해 자신에게 필요한 개념을 정리해 다지는 것이다. 그래서 독해 과정은 무엇보다 중요하다.

　만약 수학이 어렵고, 문제 풀이가 힘들다면 수학교과서를 꼼꼼히 읽어보는 것도 도움이 된다. 수학내용이든 문제 풀이든 독해를 위해서는 용어 및 개념에 우선 익숙해져야 한다. 우리가 외국어보다 우리말로 써 있는 것이 이해하기 편한 것은 언어에 대한 친숙함과 문화에 대한 익숙함 때문이다. 용어나 개념에 대한 익숙함과 친숙함이 문제의 정확한 파악과 함께 문제 해결력에 큰 도움을 줄 것이다.

수학 공부를 할 때
준비물은 무엇인가?

수학 공부에서 해결방안 찾기와 정리를 위해 필요한 것이 자와 컴퍼스, 삼색 볼펜이다. 자와 컴퍼스를 이용해 도형을 그려보고, 삼색 볼펜을 이용해 노트에 흔적을 남겨두면 해결과 복습을 위한 자신만의 자료가 된다.

수학 공부를 눈으로만 할 수 있을까? 간단한 개념이나 문제라면 가능하겠지만, 대부분은 직접 풀이를 해보고, 도형을 그려보고, 중요한 것에 표시한다. 그 이유는 모든 감각을 이용해 자신이 공부한 내용을 머릿속에 담기 위함이다.

어려운 수학 문제는 여러 개의 개념들을 총동원해 어떻게 적용하느냐에 따라 해결방안을 쉽게 찾을 수도 있고, 그렇지 않을 수도 있다. 그래서 공부단계부터 많은 흔적을 남겨야 한다. 자신의 방법으로 최대한 흔적을 많이 남길수록 자신의 것이 될 가능성이 많기 때문이다.

수학을 공부할 때 교과서, 문제집, 노트, 연필 말고 더 필요한 것이 있을까? 교과서의 개념을 확인해 문제를 풀고, 틀린 것은 노트에 정리해놓으면 충분하다고 많은 학생이 생각할 것이다. 물론 이정도만 해도 수학 공부에 문제는 없을 수 있다. 그러나 학년이 올라갈수록, 기본 문제에서 심화 문제로 넘어갈수록, 계산 문제에서 도형 문제로 나아갈수록 필요한 것이 더 있다. 바로 자와 컴퍼스, 삼색 볼펜이다.

자와 컴퍼스로 도형을 그리면 문제파악이 쉽다

자와 컴퍼스는 도형 문제를 풀이할 때 문제파악에 도움을 준다. 대개 도형 문제는 그 속에 숨어 있는 핵심 개념을 찾는 것이 중요하다. 문제파악이 되지 않고 이해가 되지 않을 때에는 직접 도형을 정확하게 그려봄으로써 문제해결 방향을 찾을 수 있다. 특히 그림 없이 만들어진 도형 문제나 도형을 활용해야 하는 문제라면 더욱 그렇다.

실제로 도형의 형태를 실제 비율에 맞춰 그려보면 생각보다 쉽게 해결방안을 찾을 수 있는 경우도 있다. 그런데 많은 학생이 도형을 그려보고, 해결방안을 찾아내는 것을 귀찮아한다. 귀찮다고 생각하면서 직접 그려보지 않고 머릿속으로 생각해 해결방안을 찾지 않은 상태에서 풀이하려고 한다.

물론 간단한 유형이라면 머릿속으로만 생각해도 해결할 수 있으나, 복잡한 유형의 문제라면 머릿속으로 생각해 해결방안을 찾기가 결코 쉬운 것이 아니다. 특히 입체도형이라면 평면도형보다 더 이해하기가 쉽지 않다. 그래서 도형 문제는 직접 그려보고 개념들을 적용해보는 것이 좋다.

예전에 내가 학교를 다녔을 때 수학선생님들께서는 자와 컴퍼스를 이용해 도형들을 정확하게 그리셨다. 우리들에게도 정확하게 그리는 연습을 하라고 하시면서 노트 검사까지 하셨던 기억이 난다.

처음에는 귀찮다고 생각하면서도 노트를 검사한다니까 어쩔 수 없이 자와 컴퍼스를 이용해 도형을 그렸다. 꽤 시간을 들여 그린 도형들도 있다. 평면도형부터 입체도형까지 정확하게 그리려고 노력했다. 수업시간에 도형을 정확하게 그리는 연습을 많이 하니까, 어느 순간 어려운 문제도 생각보다 쉽게 파악이 되었다. 실제로 도형을 그리면서 해결방안을 찾아내거나 결정적인 조건을 생각해낸 적도 많았다.

만약 도형 단원의 문제를 보고 무슨 말인지 파악이 안 된다면 문제 속의 도형을 정확히 그려보자. 그것만으로도 문제를 파악할 수 있는 계기가 될 수 있다. 문제 풀이에서 어떻게 접근하느냐가 중요하다. 주어진 문제를 텍스트로만 바라보면 핵심을 찾기가 쉽지 않다.

직접 그려보고 생각해봄으로서 문제파악과 동시에 해결방안을 찾아낼 수 있다. 그래서 수학 공부를 할 때는 머릿속의 구상보다 직접 그려보고 만들어보는 것이 더 효과적이라 할 수 있다.

수학 공부를 할 때 자와 컴퍼스를 잘 이용해 직접 도형을 그려보는 것은 큰 도움이 된다. 문제파악과 문제해결에 도움이 될 뿐만 아니라 도형을 직접 그렸던 기억들이 머릿속에 남아 있어 활용능력이 향상될 수 있다.

삼색 볼펜을 활용해 공부의 효율성을 높이자

삼색 볼펜을 적절하게 잘 이용하면 공부 과정과 평가에 많이 도움이 된다. 공부할 때 자신에게 필요한 내용을 중요도에 따라 삼색 볼펜으로 표시하는 것이다. 예를 들어 단원에서 가장 중요한 것을 빨간색 볼펜으로 표시하거나 정리해놓으면, 다음 번에 확인할 때 핵심적인 개념을 쉽고 빠르게 찾을 수 있다. 질문사항은 파란색 볼펜으로 표시하거나 정리해놓으면, 자신이 몰랐던 내용을 다시 한 번 확인할 수 있다.

가능하면 여러분들이 공부한 기록의 흔적을 많이 남길수록 좋다. 우리 뇌는 여러 가지 감각 중 그림과 같은 흔적을 잘 기억하기 때문이다. 또한 내용 및 오답 정리 등 자신의 부족한 것을 흔적으로 남기면 관련 내용을 공부함으로써 자신의 부족함을 채워나갈 수 있다.

자와 컴퍼스, 삼색 볼펜, 노트 등 자신의 부족한 것을 확인하는 과정에서 다양한 도구를 사용해보자. 사용하는 것만으로도 자신의 부족함을 찾는 데 큰 도움이 되고, 정리가 될 것이다.

자와 컴퍼스로 도형을 그리고, 삼색 볼펜으로 중요한 내용을 정리하면 그것들은 모두 자신의 머릿속의 흔적들로 남는다. 공부하는 과정에서 많은 흔적들을 남길수록 자신의 것으로 만들 수 있는 확률이 높다.

시험시간에 맞춰
공부하고 정리하자

누구나 시험을 볼 때 긴장하고 부담감을 느끼지만 그 긴장감이 약이 될지, 독이 될지는 익숙함에 의해 결정된다. 시험을 준비하는 단계부터 시험상황을 그려보고 연습하는 것이 필요하다.

누구나 시험을 볼 때 긴장하고 부담감을 느낀다. 그러나 그 긴장감이 약이 되는 사람이 있고, 독이 되는 사람도 있다. 시험 상황이 익숙하지 않을수록 독이 될 가능성이 높다. 익숙하지 않은 상황에서는 많은 변수가 생기기 때문이다.

그래서 앞에서 말했듯이 시험을 준비할 때는 최대한 시험상황을 머릿속에 그려보고 연습해보는 것이 좋다. 또한 평상시에도 시험시간에 맞춰 공부하고 정리하면 익숙함을 더욱 향상시켜 줄 수 있다.

40분, 45분, 50분. 초등학교부터 고등학교까지의 수업시간이다. 연령별로 적당하다고 생각해 정한 시간이다. 중학교라면

45분 동안 수업이 진행되고, 평가도 동일한 시간으로 치러진다. 학생들에게 45분이란 시간은 길다면 길고 짧다면 짧은 시간이다.

학생들은 수업에서의 45분과 평가에서의 45분을 다르게 느낀다. 대부분 학생은 수업이 진행되는 45분을 너무나도 길다고 느끼면서, 지루하고 재미없다고 생각한다. 누구에게나 흥미를 느끼지 못하는 시간은 당연히 길다고 느끼기 마련이다. 그런데 수학시험을 보는 45분은 절대적으로 부족하다고 생각한다.

똑같은 45분인데 왜 그런 생각을 할까? 당연한 이야기지만 수업과 시험을 대하는 마음가짐이 다르기 때문이다. 편안함과 긴장감의 차이다. 긴장한 상태에서 시험을 치를 때 학생들은 일분일초 시계가 움직이는 소리까지 들린다고 한다. 그래서 긴장감은 어떻게 느끼고 받아들이느냐에 따라 약이 될 수도, 독이 될 수도 있다.

실제로 시험에서 너무 긴장을 해서 문제를 제대로 파악하는 것조차 힘들다는 학생들도 있다. 반면 적절한 긴장감 속에 시험을 보면 계산실수 등 평소 자신의 부족함을 이겨내는 학생들도 있다.

누구에게나 시험에 대한 부담감은 있다. 그 부담감과 긴장감을 어떻게 느끼고 받아들여서 자신의 것으로 만드느냐에 따라 결과는 천차만별일 수 있다는 것을 명심해야 한다.

연습 때부터 시험상황을 만들어 준비하자

시험에 대한 부담감과 긴장감을 자신의 것으로 만들려면 어떻게 해야 할까? 가장 좋은 방법은 준비 단계부터 시험상황을 경험해보는 것이다. 시험상황을 경험해보는 방법에는 크게 두 가지가 있다.

첫 번째는 이전 시험문제를 구한 후 객관식 OMR카드, 서술형 답안지를 만들어 시험과 똑같이 평가를 진행해보는 것이다. 시험상황이라 생각하고 공부를 한다고 해도 평가에 들어가면 평소와 다르게 긴장하게 된다. 가능하면 시험과 똑같은 상황을 만들려고 노력하는 것만으로도 충분한 가치가 있다. 그 긴장감을 미리 경험해본다면 실제 시험에서 당황해 시험을 망쳐버리는 경우는 없을 것이다.

두 번째는 시험시간에 맞춰 공부 계획을 세우는 것이다. 시험상황을 만들어 모의시험을 본다고 해도 긴장감이나 집중력이 지속되기는 어려울 수 있다. 그래서 준비 단계부터 정해진 시험시간에 맞춰 공부하는 것이 중요하다. 물론 시험시간에 맞춰 공부할 때 지속적으로 집중하는 습관을 기르는 것도 필요하다.

만약 중학생이라면 수업과 평가시간인 45분을 기준으로 공부하는 습관을 기르는 것이 좋다. 개념을 공부하고 문제 풀이를 할 때 45분이라는 시간과 문항수도 고려하면 더 좋다. 왜냐하면 사람들에게 평상시 상황과 생각은 습관으로 만들어지기 때문이다. 물론 이 과정에서 지나치게 시간에 집착하는 것은 피해야 한다. 무엇이든 지나친 상황을 만드는 것은 오히려 도움이 되지 않는다.

여러분들이 처음으로 자전거 타는 것을 배웠을 때를 떠올려 보자. 자전거에 앉아 페달을 돌리면 앞으로 나아간다. 이때 핸들을 넘어지는 방향의 반대방향으로 돌려야 넘어지지 않고 계속해서 앞으로 나아갈 수 있다.

그러나 처음에는 두려움 때문에 핸들을 돌리기는커녕 자전거에서 뛰어내리기 일쑤다. 이런 과정이 계속되면 어느 순간 깨닫게 된다. 자전거와 사람이 하나가 되어 움직여야 한다는 것을. 더욱 익숙해지면 내가 자전거를 타고 있다는 사실도 잃어버리게 된다. 이런 정도가 되면 두려움이나 긴장감은 사라지고 주변을 바라볼 수 있는 여유가 생긴다.

시험을 치르는 과정도 마찬가지다. 초등학교 때에는 정기고사와 같은 형식의 시험을 치르지 않는다. 중학생이 되어 치르는 첫 시험에서 많은 학생이 긴장하고 당황해 "시험을 어떻게 봤는지 모르겠다"고 말한다. 첫 시험이란 생각이 부담감으로 다가온 것이다.

만약 첫 시험에서 수학시험을 망쳐버렸다면 중학교 내내 두려움을 갖고 시험을 치러야 하는 경우도 있다. 그 두려움은 쉽게 사그라들지 않는다. 연습 단계부터 시험상황을 만들어보고 공부를 한다고 해도 쉽지 않은 것이다. 그래서 처음부터 모든 상황을 시험상황이라 생각하고 공부하는 습관을 기르는 것이 필요하다.

연습은 시험처럼 약간의 긴장감을 갖고서 공부하고, 시험은 연습처럼 강한 부담감을 느끼지 않을 정도로 치른다면 두려움은 점점 사라질 것이다. 익숙하게 자전거를 타는 사람이 두려움을 느끼지 못하는 것처럼, 시험을 보는 상황에서 연습할 때처럼 여유를 가지고 치를 수 있을 것이다.

여유는 좋은 결과로도 연결이 된다. 이제 45분이란 시간을 정해놓고 그 시간 동안 집중하고 몰입해 공부를 해보자. 그리고 시험상황이라 생각해 45분 동안 문제를 풀면서 자기 자신의 장단점을 파악해보자. 처음에는 45분 동안 몰입하고 집중하는 것이 어려울 수도 있겠지만 꾸준히 하는 것만으로도 분명 큰 의미가 있다.

퍼즐 문제 속에
수학 비법이 있다

수학 공부를 하는 목적은 수학적 지식과 함께 감각을 키우는 것이다. 퍼즐 문제 풀이처럼 결과를 만들어내기 위해 자신이 알고 있는 수학적 지식과 경험을 활용하는 것과 같다. 이런 고민을 많이 하면 할수록 수학적 감각은 향상된다.

수학 공부를 어떻게 해야 할까? 많은 학생이 궁금해 하는 질문 중 하나다. 수학 개념을 익히고, 문제 풀이를 열심히 하는 것밖에 없다고 생각한다. 그런데 열심히 하는 것은 방법이 아니다. 방법이란 길이다. 수학 공부를 효율적으로 잘 하기 위해 어떤 길을 선택할 것인가가 중요하다.

이런 질문을 받을 때마다 퍼즐 문제 하나를 써주면서 풀어보라고 한다. 쉽게 해결하지 못할 때쯤, 풀이와 함께 수학 공부의 목적과 방법에 대해서 설명해준다.

또 수학 수업이 지루해질 때쯤 학생들에게 퍼즐 문제를 하나 칠판에 써준다. 교과서 내용뿐만 아니라 퍼즐 문제 풀이 등 다양한 경험을 해보는 것이 필요하다고 생각해 시작한 수업이다. 일명 '수업 속의 작은 수업'이란 이름으로 창의력 수업을 10분 정도 실시한다.

창의력 수업이라고 해서 거창한 수업은 아니다. 수학적 감각을 키우기 위해 새롭고 다양한 문제를 다뤄보는 정도로 생각해도 된다. 또한 자신이 알고 있는 수학적 생각 등을 활용해볼 수 있는 기회가 된다. 수학 문제처럼 해답을 찾아내지 못해도 상관없다. 퍼즐 문제 풀이는 해결보다 해결을 위해 노력해보는 경험이 중요하기 때문이다.

그 경험을 통해 자신의 집중력과 창의력이 향상될 가능성이 높고, 퍼즐 문제 속에서 자신만의 공부 방법을 찾아낼 수도 있다. 무엇보다도 학생들이 교과수업보다 재미와 흥미를 더 많이 느낀다. 가르치는 나 또한 퍼즐활용 수업이 더 즐겁고 재미있다.

퍼즐 문제 속에서 공부의 목적과 방법 찾기

퍼즐활용 수업에서 실제로 진행했던 몇 가지 문제를 소개한다. 몇몇 학생들은 퍼즐 문제 속에서 자신만의 공부 방법을 찾는 경우도 있었다.

신학기 첫 수업. 학생들에게 간단하게 소개를 한 후, 수학에 대한 설문조사를 한다. 수학 공부에 대해 어떻게 느끼고 있는지, 자신의 공부의 목표와 목적이 무엇인지를 확인하기 위한 것이다. 설문지를 받아들고나서 칠판에 퍼즐 문제를 하나 써준다.

Q. 다음 숫자를 정확히 하나씩만 사용해 결과가 24가 나오도록 식을 만들어보세요. (단, 연산기호는 사칙연산과 괄호만 사용할 수 있다.)

$$3, \quad 3, \quad 8, \quad 8$$

학생들은 처음에는 간단한 계산 문제라고 생각한다. 머릿속으로 쉽게 식을 세워 24를 만들 수 있다고 생각한다. 그러나 곧 결코 쉽지 않다는 것을 깨닫는다. 이 책을 읽는 여러분들도 연필을 들고 4개의 숫자와 사칙연산, 괄호를 이용해 24를 만들어보자.

몇 분이 지난 후에 아래의 계산식 하나를 칠판에 써주고 풀이하라고 하면, 대부분의 학생들은 어이없다는 듯 쉽게 답을 찾는다.

Q. 다음 계산식을 풀이해보자.

$$8 \div (3 - 8 \div 3)$$

두 문제의 차이점은 '결과가 되도록 계산식을 만드는 것'과 '계산식을 풀이하는 것'이다. 학생들은 주어진 식을 계산하는 것은 쉽게 해결한다. 그것도 정확하게 빨리 해결하는 것에 매우 익숙하다. 그러나 주어진 숫자와 사칙연산, 괄호를 이용해 어떤 수를 만드는 것은 매우 어려워한다.

무엇이 문제일까? 나는 간단한 두 문제 속에서 수학 공부의 방법과 목적을 찾을 수 있다고 생각한다.

학생들은 평가를 위한 수학 공부만을 하고 있다. 주어진 식을 더 정확하고 빠르게 계산해 결과를 얻어내는 방식으로 수학을 공부한다.

심지어 학생들은 계산식을 세우기 어려우면 암기과목처럼 외운다. 반복학습을 통해 더 정확하게 빨리 해결하는 스킬을 익히려고 한다. 그러나 이런 공부법은 간단한 상황이나 문제에만 도움이 될 뿐이다.

학생들은 첫 번째 문제처럼 주어진 숫자와 기호를 사용해 24를 만들라고 하면 시작조차 하지 못한다. 마치 수학 공부를 실컷 해놓고 전혀 활용하지 못하는 어처구니없는 일과 같다. 순서만 바꾸었을 뿐인데, 전혀 손도 대지 못하는 일이 생긴다.

두 번째 문제를 칠판에 써주는 순간, 많은 학생은 얼음이 되어버린다. 분수계산도 하지 못하는 자신에게 실망한다. 그런데 이런 일은 몇 명의 학생들에게만 일어나는 것이 아니다. 거의

90% 이상의 학생들에게 일어나는 일이다. 공부 방법의 순서를 바꿔야 한다.

무조건 결과만을 찾기 위한 공부가 아닌, 결과를 만들어 내기 위해 자신이 알고 있는 수학적 지식을 어떻게 사용할 것인가를 고민하는 공부가 필요하다. 이것은 수학 공부의 목적이기도 하다.

수학 공부를 하는 이유는 수학적 지식과 함께 감각을 키우는 것이다. 더 나아가 어떤 분야에 가든 자신이 알고 있는 수학적 지식과 감각을 활용해 새롭게 만들어내는 것이다. 마치 24를 만들어 내기 위해 자신이 알고 있는 지식과 감각, 경험 등을 총동원해 해결하려는 노력과 같다.

또한 퍼즐 문제를 풀이하면서 자신의 공부 방법에 대해 돌아보고 점검해볼 수 있는 기회를 가질 수 있다. 결과가 정해진 문제 풀이 위주의 공부 방법에서 벗어나 퍼즐 문제처럼 결과물을 만들기 위해 활용하려는 노력을 기울여야 한다.

나는 이렇게
수학을
잘하게 되었다

열심히 공부하는데 성적이 잘 나오지 않는 학생

"선생님, 저는 평소 수학 공부를 많이 하고 시험도 열심히 치는데, 성적이 잘 나오지 않아요."

공부에 대한 상담을 신청하는 학생의 대부분은 성적에 대한 고민 때문이다. 그 중에서도 가장 많은 경우는 열심히 공부하는데 성적이 안 좋다는 학생들이다.

이런 학생들에게 상담할 때 가장 먼저 질문하는 것은 "얼마나? 어떻게?"다. 많은 학생들이 자신이 열심히 공부하고 있다고 생각한다. 실제는 그렇지 않은데도 말이다. 마치 스스로 최면에 걸리듯 열심히 공부한다는 착각에 빠져 있는 학생들도 많다.

"얼마나 공부하니?"

상담하러온 학생에게 물으면, 잠시 생각하다가 바로 대답한다.

"전 일주일에 3번 학원에 가서 3시간씩 공부하고, 집에 와서 숙제도 열심히 해요."

학생의 이야기를 다 들어준 후에 다시 질문한다.

"그럼 공부를 어떻게 하니?"

학생은 '어떻게'라는 말에 잠시 당황하더니, 바로 대답한다.

"학교에서 수업 잘 듣고, 학원에서 하라는 대로 해요"

대부분 학생의 대답은 거의 비슷할 것이다. 공부를 얼마나 하는지를 물으면 학교나 학원에서 수업을 듣고 과제를 해가는 정도만을 생각한다. 선생님이 하라는 것은 모두 했으니까, 스스로 열심히 공부하고 있다고 생각한다. 다른 친구들과 비교하면서.

그런데 이런 말들이 '얼마나 공부하니?'에 적합한 대답일까? 선생님이든 부모님이든 누군가가 시킨 것만 하는 시간들이 정말로 공부한 시간일까?

또한 '어떻게 공부하니?'라는 말은 학생들에게 더 어려울 수 있다. 사실 대부분의 학생에게 공부를 '어떻게' 하는 것은 중요하지 않다. 가능하면 쉽게 공부하고 결과만 좋으면 되니까. 그래서 가장 효율적인 방법이라 믿고, 누군가가 만들어놓은 방법대로만 따라가면 된다고 생각한다.

상담을 하면서 느끼는 것이지만 스스로 열심히 공부하고 있다고 생각하는 학생들의 절반 이상은 '얼마나, 어떻게'라는 말에 대답을 하지 못한다. 자신의 것이 없기 때문이다.

예를 들어 공부하는 3시간이 듣기만 하는 시간인지, 스스로 문제 풀이를 통해 자신의 부족함을 찾는 시간인지를 확인해야 한다. 수업내용을 듣기만 하거나 문제를 풀기만 하면 자신의 부족함을 채우기 위한 진정한 공부라 할 수 없다. 수업을 듣고, 문제를 풀어 자신의 부족함을 찾는 것부터가 공부다.

부족함을 찾아야 그것을 채워나가기 위한 계획을 세우고 실행에 옮길 수 있다. 그런데도 생각보다 많은 학생이 스스로 착각에 빠지는 경우가 많다. 자신의 공부 계획을 실행으로 연결시키지 않고서도 충분히 공부하고 있다고 생각하기 때문이다.

또한 '어떻게'라는 말에 자신 있게 대답하는 학생들은 그리 많지 않다. 특히 열심히 공부해도 성적이 좋지 않다는 학생들은 더 그렇다. 자신의 부족함이 어떤 것인지를 정확하게 모르기 때문에 '어떻게' 공부를 해야 할지 모른다. '어떻게'라는 말은 공부의 계획이고, 꾸준히 실행에 옮기는 것과 관련이 있다.

열심히 공부하는데도 성적이 좋지 않다면 다음 두 가지를 확인해보자.

첫째, '얼마나' 공부하는지를 확인해본다. 수업을 듣고, 수학 문제를 풀이하는 시간만 말하는 것이 아니다. 수학 개념과 문제 풀이를 통해 자신의 부족함을 찾고, 그것을 채우기 위한 공부시간이 얼마나 되는지를 확인해야 한다.

만약 문제 풀이가 간단한 확인으로만 끝난다면, 똑같은 실수를 계속해서 할 수 있다. 부족함을 채워나가기 위한 공부가 아닌 부족함을 찾는 것으로만 끝날 수도 있다. 무엇보다 부족함을 찾는 것과 채워나가기 위한 계획, 실행이 한 세트가 되어야 한다. 이런 것들이 자연스럽게 연결되지 않으면 공부를 해도 좋은 결과로는 연결되지 않는 경우가 자주 발생한다.

둘째, '어떻게' 공부하는지를 확인해야 한다. 자신의 부족함을 찾았다면 그 부족함을 채우기 위한 전략이 있어야 한다. 부족한 개념을 정리하고, 관련 유형의 문제를 풀이해 해결할 수 있는 힘을 키워야 한다. 그래서 필요한 것이 바로 '어떻게 공부할 것인가'다. 누군가가 만들어놓은 방법이나 방식은 참고만 해야 한다. 자신의 것이 아니기 때문이다. 자신의 옷이 아니면 맞지 않거나 어울리지 않는 것처럼 자신에게 도움이 되지 않을 수 있다.

효율적이라고 하는 방법들은 자신이 '어떻게' 공부해나갈 것인가를 계획하기 위한 참고만 될 뿐이다. 오랜 시간이 걸려도 자신의 방법을 찾아야 한다. 그것이 여러분들에게 가장 효율적이고 최선인 수학 공부법이다.

위의 두 가지 질문에 대해 확신이 생긴다면 자신의 부족함을 찾을 수 있고, 그 부족함을 채워나가기 위한 계획을 세울 수 있다. 이제 여러분들이 해야 할 것은 실행에 옮겨 보는 것이다. '얼마나'와 '어떻게'를 통해 자신의 부족함을 찾고 공부계획을 세운 것이므로, 변화를 위해서는 꾸준한 실행이 필요하다. 열심히 공부한 만큼 수학실력이 향상되고, 성적도 좋아진다면 그보다 좋은 것은 없다. 열심히 공부하는데도 수학성적에 반영되지 않는다면 같은 방식으로 계속 공부하는 것보다 검이 필요하다. 그 열쇠가 바로 '얼마나'와 '어떻게' 그리고 꾸준한 실행에 있다.

> 수학 공부,
> 이것이
> 궁금하다

"학습지를 풀이하면서 연산이 중요한지는 알겠는데, 매일매일 하는 것은 좀처럼 쉽지 않습니다. 연산을 매일매일 꾸준히 해야 하나요?"

연산은 수학 공부를 위한 도구와 같은 것입니다. 앞으로 배워 나갈 수학 개념과 원리, 문제 풀이를 할 때 꼭 필요한 도구이기 때문에 중요한 것이 사실입니다.

또한 연산은 약속입니다. 자연수·정수·유리수·무리수·실수의 약속을 알고, 익히는 과정은 필요합니다. 익숙하지 않은 초등학생이라면 매일매일 연산을 연습하는 것이 좋은 습관입니다.

다만 너무 과도한 양의 연산을 기계적으로 풀이하는 것은 큰 의미가 없습니다. 적당한 수준에서의 연습을 통해 연산의 규칙을 파악하고, 해결해낼 수 있을 정도면 충분합니다. 오히려 과도한 양의 연산을 매일매일 하는 것은 학생에게 큰 부담이 되고, 집중력을 떨어지게 만들 수도 있습니다.

실제로 연산 등 계산력 위주로 과도하게 공부한 학생들은 활용 문제나 도형 문제에 약한 경우가 많습니다. 계산의 규칙성은 기계적으로 그 패턴을 외워도 되지만, 활용 문제나 도형 문제는 이해를 통해 그 속에 숨어 있는 해결방안을 찾아야 하는 경우가 많기 때문입니다. 오히려 기계적으로 공부하고 연습한 것이 해결방안을 찾아나가는 데 방해요소가 될 수도 있습니다.

연산은 수학 공부의 핵심이나 전부가 될 수는 없습니다. 수학 공부를 위한 기초를 쌓아가는 것이라 생각하고, 자신에게 적당한 학습량과 내용을 꾸준히 연습하면 충분합니다.

연산을 꾸준히 연습해 정확성을 높여보세요. 제 경험상, 연산이 빠르고 정확한 학생들이 수학을 잘할 수 있는 가능성이 많습니다.

수학 공부의 목적은 수학적 감각을 키우는 것이다. 문제 풀이는 수학적 감각을 키우기 위한 연습이고 훈련이다. 이 연습과 훈련을 어떤 방법으로, 어떻게 정리하느냐가 중요하다. 4장에서는 정답보다 풀이 과정이 왜 중요한지, 왜 풀이를 한눈에 보이게 정리해야 하는지, 나만의 노트를 만드는 것이 왜 필요한지 등을 설명한다. 수학 공부의 중심은 교과서가 되어야 하고, 매일매일 꾸준히 하는 문제 풀이가 중요하다. 무엇보다 문제 풀이, 퍼즐 문제, 큐브, 보드게임 등 다양한 경험은 문제 풀이 능력을 넘어 문제해결능력까지 향상시켜준다는 것을 기억하자.

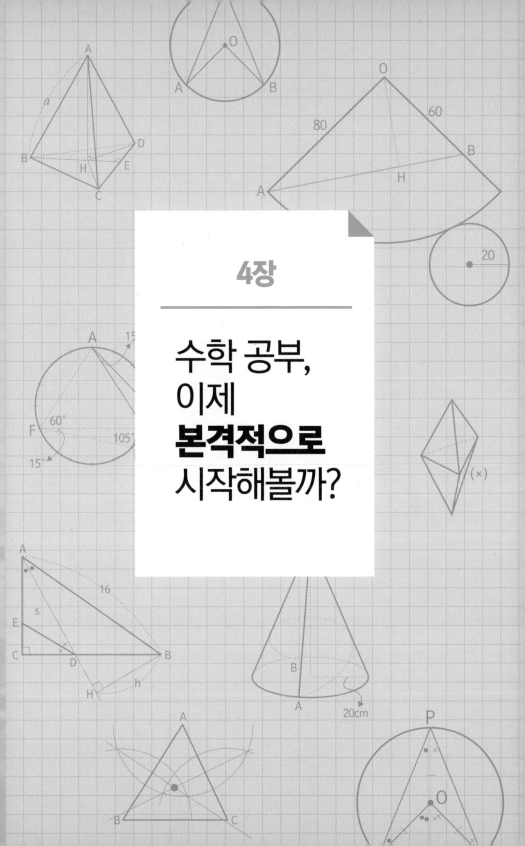

4장

수학 공부,
이제
본격적으로
시작해볼까?

정답보다 풀이 과정이
더 중요하다

문제 풀이시 과정에 집중해라. 정확하게 풀이한 경험은 문제해결능력에 도움을 준다. 운 좋게 맞춘 정답이 아닌 정확한 풀이 과정을 통해 얻은 해결전략은 앞으로의 공부에 큰 힘을 줄 것이다.

'과정이야 어떠하든 정답만 찾아내면 그만'이다. 시험을 준비하는 학생들의 생각이다. 물론 결과만을 평가하는 시험에서 정답이 중요하긴 하다. 풀이 과정 없이 운 좋게 정답을 찾았다고 해도 그 운이 처음이자 마지막이 될 수도 있다.

최대한 정확한 과정을 통해 정답을 찾았을 때, 다음에도 같은 방법으로 해결해낼 수 있는 것이다. 평가에서 정답이 중요하다고 해서 풀이 과정을 무시할 수 없는 이유다. 공부단계부터 풀이 과정 하나하나를 정리해봄으로써 왜 그런지에 대해 생각하는 것은 필요하다. 그래야 문제 풀이 능력이 아닌 문제해결능력이 향상될 수 있다.

시험을 보고 나면 여기저기서 학생들의 대화 소리가 들려온다.

"너 이번 시험에서 몇 개 틀렸어?"

"객관식 14번 문제 어렵더라, 넌 맞았니?"

"응, 운 좋게 찍어서 맞았어."

"야, 너 정말 좋겠다."

대부분 학생의 관심은 수학 문제를 맞았는지, 틀렸는지에만 있다. 과정을 몰라도 정답을 찾아내거나 운 좋게 찍어서 정답이 되더라도 상관없다. 시험 점수만 높으면 그만이라 생각한다.

이러한 생각들은 시험을 준비할 때도 그대로 발동된다. 수학 문제를 풀이할 때도 정답에만 관심이 많다. 운이 좋아 맞춘 문제나 정확한 개념과 과정을 모르고 맞춘 문제들은 완벽하게 아는 것이 아니다. 모르는 것과 마찬가지다.

풀이 과정을 통해 자신을 점검하고 계획을 세워라

틀린 문제를 오답 정리해 자신의 부족했던 것을 찾아나가는 것처럼, 정확한 과정 없이 정답을 맞힌 문제도 정리를 해야 한다. 자신이 정확하게 몰랐던 부분을 확인해 공부 계획을 세워야 한다. 이러한 과정이 없다면 운 좋게 맞힌 것은 이번이 마지막일 수도 있다. 다음에는 운이 통하지 않을 가능성이 높다.

그러나 많은 학생이 수학 개념을 확인하는 문제 풀이부터 잘 못하고 있는 경우가 많다. 문제가 주어지면 정답을 찾아내는 것에만 집중한다.

정확한 풀이 과정을 통해 정답으로 연결이 되어야만 수학 개념을 적용하는 모습들을 단계별로 기억할 수 있다. 이러한 기억들은 다른 유형의 문제를 다룰 때 해결방안을 찾아낼 수 있는 힘의 바탕이 된다. 또한 현재 단계와 다음 단계를 자연스럽게 연결해주는 역할을 한다.

그만큼 문제 풀이를 할 때 풀이 과정을 정확하게 아는 것이 중요하다. 하나의 문제를 해결하는 것만으로 끝나는 것이 아니다. 유사문제를 비롯해 앞으로 배워나갈 수학 개념을 익히는 데도 도움이 된다.

그래서 수학 문제를 풀이할 때는 풀이 과정을 써내려가면서 자신이 모르는 부분이 있다면 채워나가야 한다. 느리지만 풀이 과정을 철저하게 써내려가며 문제를 푸는 것은 문제해결능력에 도움이 되기 때문이다. 빠른 시간 안에 정답만 찾기 위한 문제 풀이는 해결을 위한 기술에 지나지 않는다.

우리에게 필요한 것은 문제의 정답을 찾는 것이 아니라, 문제의 풀이 과정을 통해 얻어지는 문제해결능력이다. 문제 풀이 능력도 중요하지만 더 중요한 것이 바로 문제해결능력이기 때문이다.

이러한 문제해결능력은 자신이 풀이한 문제의 과정이 고스란히 드러날 때 극대화 될 수 있다. 또한 자신의 풀이 과정을 통해 장단점을 파악할 수 있다.

문제 풀이 ▶ 정확한 과정 ▶ 해답 ▶ 과정 속에서 자신의 장단점 파악

풀이 과정에 집중하면 문제해결능력이 향상된다

수학 실력이 부족하고 저학년일수록 풀이 과정을 정확하게 쓰는 연습은 꼭 필요하다. 풀이 과정 속에서 자신의 부족함을 찾아낼 수 있기 때문이다. 결국 수학 공부는 자신의 부족함을 찾고, 그 부족함을 얼마만큼 채워나가느냐에 따라 결과가 좋을 수도 나쁠 수도 있다.

대개 수학을 잘하는 학생들은 문제를 풀 때 풀이 과정에 집중한다. 정답을 찾았더라도 풀이 과정에서 조금이라도 궁금한 것이 있으면 수학 개념이나 다른 문제들을 뒤져본다.

또한 정확하게 해결했더라도 더 좋은 방법이 있는지 확인해 본다. 문제를 풀이한 후 자신의 해결능력을 확인하는 작업을 제대로 하고 있는 것이다. 문제 풀이를 통해 자신의 능력치를 확인하는 것은 정답을 찾는 것보다 더 중요하다.

자신의 능력치와 장단점을 확인하는 것만으로도 더 실력이 발전해나갈 가능성이 많기 때문이다. 대개는 자신의 능력치와 장단점을 제대로 몰라, 어떤 공부를 어떻게 해야 하는지 모르는 경우가 많다. 그래서 수학 공부를 어떤 방식으로 해야 하는지 모르고, 자신의 부족함을 찾지 못한다. 똑같은 방식으로 부족함을 채워나가는 공부를 하는 것보다는 알고 있는 방법으로 공부를 반복하고 있는 것이다.

그렇기 때문에 수학 공부에서 하나하나의 과정을 남겨놓고, 무엇이 부족한지 점검해야 한다. 만약 여러분들이 수학 공부를 어려워하거나 문제 풀이시 해결방안을 잘 찾지 못한다면, 쉬운 문제부터 풀이 과정을 노트에 정리해보자. 자신이 알고 있는 모든 내용을 정리해보자.

그것을 통해 자신의 부족함을 찾는 것이 변화의 시작이다. 또한 문제 풀이에서 정답에 집중하지 말고, 정답으로 가기 위한 과정에 충실해보자. 더디지만 무엇을 알고 무엇을 모르는지 파악하는 데 큰 도움이 될 것이다. 이것이 수학 공부를 잘하기 위한 시작이다.

문제 풀이는
한눈에 보이게 정리하자

시간이 지날수록 배운 것을 잊어버리기 마련이다. 그래서 망각을 최소화하기 위해 반복학습과 정리가 필요하다. 특히 문제 풀이를 한눈에 보이게 정리하면 더 오래 기억할 수 있고, 부족함을 찾는 데 유용한 자료가 된다.

문제 풀이를 하는 연습에서부터 풀이를 한눈으로 볼 수 있도록 정리하는 것이 중요하다. 풀이 과정을 한눈으로 볼 수 있도록 정리하면, 자신의 부족함을 찾는 데 매우 유용하다.

"수학은 귀찮아하면 잘할 수 없다."

수학은 개념부터 문제 풀이까지 하나하나 직접 확인하고 풀이하고 정리해야만 자신의 것으로 만들 수 있다. 이 과정들을 귀찮아하는 순간, 수학 공부는 지루해지고 재미없어진다.

수학의 개념들과 문제들은 많은 생각과 경험으로부터 만들어진 것이다. 그만큼 수학 개념을 배울 때에는 '왜 그런가'에 대한 이유와 함께 다양한 생각을 해보는 것이 중요하다.

풀이의 잔상을 남길수록 부족함을 찾을 수 있다

문제 풀이도 마찬가지다. 문제의 해결방안을 찾고 풀이해나가는 과정을 한눈에 정리하는 것이 필요하다. 가능하면 풀이 과정이 한눈에 보이도록 정리하면 더욱 좋다. 풀이 과정을 통해 자신이 잘못 이해하고 있었던 개념을 확인할 수 있고, 자신의 부족한 부분을 파악할 수 있기 때문이다.

풀이 과정을 단계별로 정리한 것은 자신의 이해도를 대변해주는 중요한 자료다. 이 자료를 통해 자신의 부족한 부분을 찾을 수 있고, 부족한 부분을 채워나가기 위해 계획을 세울 수 있다. 그래서 자신이 공부한 개념과 문제 풀이의 흔적을 많이 남길수록 수학을 잘할 수 있는 가능성이 많다.

문제 풀이를 한눈에 보이게 정리하는 것이 자신의 부족함을 찾는 것에만 도움이 되는 건 아니다. 수학 개념이나 문제 풀이의 흔적을 많이 남길수록 머릿속에 더 오래 기억된다. 사람들은 자신이 배우고 공부한 것을 시간이 지나면 잊어버리기 마련이다.

학교에서도 성적이 좋은 학생들은 노트필기를 잘한다. 그것도 자신만의 방법으로 잘 한다. 문제를 풀 때 한눈에 보이도록 풀이 과정을 잘 정리한다. 또한 표를 이용해 개념을 정리하고, 그래프나 그림으로도 정리한다. 성적이 좋은 대부분의 학생의 특징은 풀이 흔적을 많이 남긴다는 것이다. 성적이 좋은 대부분의 학생들이 다음과 같은 유형별로 정리하는 것을 보았다.

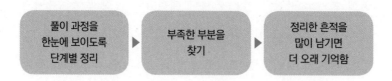

문제 풀이의 잔상을 남기는 것은 망각을 최소화

망각곡선에 대해 들어본 적이 있을 것이다. 독일의 심리학자 에빙하우스는 무의미한 단어를 암기하는 테스트를 통해 기억력과 시간의 상관관계를 주장했다. 그는 암기 후 10분부터 망각이 시작되고, 1시간 뒤에는 50% 이상, 1일 뒤에는 70% 이상, 1달 뒤에는 80% 이상의 암기한 내용을 망각한다고 했다. 실제로 공부를 할 때도 망각곡선은 그대로 적용된다.

공부를 할 때 특별한 자극이 없거나 기억을 지속할 수 있는 추가적인 학습이 없다면 망각은 시작된다. 학생의 능력에 따라 차이가 있지만, 눈에 보일 정도로 큰 차이가 나는 경우는 거의 없다. 누구에게나 망각은 일어난다. 그러나 학습 방법에 따라 망각을 늦출 수 있고, 오랜 기억으로 남길 수도 있다. 공부 시작 단계에서 많은 흔적과 기록을 남기고, 주기적으로 반복학습을 하는 것이다. 눈으로 보는 것보다 쓰면서 기억하는 것이 더 효과적이고, 반복학습을 통해 기억을 더 연장할 수 있기 때문이다. 자신이 정리한 문제 풀이 과정은 반복학습을 위한 좋은 자료가 된다.

이제 자신의 망각을 늦추기 위해, 수학 개념 및 문제 풀이를 단계별로 정리해보자. 이왕이면 구체적으로 자신의 부족함까지 정리해보자. 정리된 자료는 시험 준비를 위해 주기적으로 반복해 활용해보자. 이 모든 것이 여러분들을 변화시킬 소중한 자료들이 된다.

학습의 변화의 시작은 공부한 것을 기억하고 그 기억을 오래 간직하기 위한 여러분들의 노력이다. 공부하면서 최대한 학습

에빙하우스의 망각곡선

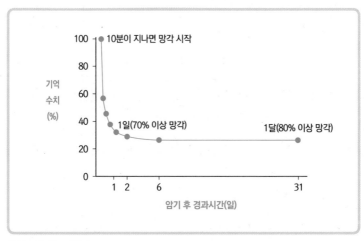

출처 : Shaller, 2004

의 흔적을 많이 남겨라. 그 흔적은 자신의 부족함을 파악하는 척도가 됨과 동시에 오랫동안 기억하기 위한 좋은 자료가 될 것이다. 공부 과정을 흔적으로 남기고 반복학습을 하는 것은 망각도 넘어설 수 있다는 것을 기억하자.

100개의 문제 중 내가 모르는
10개의 문제가 더 중요하다

문제 풀이는 모르는 것이 무엇인지를 찾는 과정이다. 진정한 공부는 틀린 문제를 정리해 자신의 것으로 만드는 것이다. 몰라서 틀린 문제는 문제해결능력을 향상시켜줄 가장 좋은 재료인 것이다.

시험을 앞둔 학생들은 많은 문제를 풀이해본다. 수학 개념을 다지고, 문제 풀이에 익숙해지기 위함이다. 문제를 많이 풀수록 자신의 수학 실력이 향상된다고 생각하면서 교과서뿐만 아니라 몇 개의 문제집을 사서 더 많은 문제를 풀이한다. 그런데 학생들은 문제를 풀이한 후, 몇 개를 틀렸는지에만 관심이 있다.

정작 필요한 핵심은 문제 풀이를 통해 틀린 문제를 포함해 자신에게 부족한 점을 찾는 것이다. 100개의 문제 중 내가 모르는 10개의 문제가 중요한데, 똑같은 90개 문제만 반복해서 풀이하는 것은 큰 의미가 없다. 안 해도 되는 일을 똑같은 방법으로 계속하면서 열심히 공부한다는 착각에 빠진다.

수학 문제 풀이는 공부가 아니다

"선생님, 이번 시험을 준비하면서 수학 문제집 4권을 풀었어요. 꼭 이번 시험을 잘 보고 싶어요."

시험이 다가오면 학생들이 달려와 하는 말이다. 풀이한 것을 직접 보여주면서 칭찬을 바라는 학생들도 있다. 그럴 때마다 학생들에게 꼭 해주는 말이 있다. "그래, 시험공부를 많이 했구나. 그런데 이해가 안 가는 문제들은 어떻게 정리했니?" 그러면 대부분의 학생은 이렇게 대답한다. "네, 다시 한 번 풀이해보고, 모르는 문제는 답보고 풀었어요."

상담을 하면서 학생의 공부 방법이나 공부 습관을 알아보기 위해, 학생들이 풀이한 문제집과 정리한 노트를 볼 때가 있다. 그때마다 느끼지만, 학생들의 공부 흔적만 봐도 그 학생의 학습태도와 성취도를 가늠할 수 있다는 것에 스스로 놀라웠다. 그만큼 문제 풀이방식이나 공부 습관이 학생들의 기록으로 남겨지는 경우가 많다.

수학성취도가 좋은 학생들은 문제집에 풀이한 흔적만 남아 있는 것이 아니라 자신만의 표시도 있다. 풀이 과정 중간 중간에 색깔 볼펜으로 풀이에 대한 이유를 적어놓고, 틀린 문제는 풀이 과정과 개념을 단계별로 적어놓았다.

또한 색깔 볼펜으로 문항을 구분해 자신이 이해하지 못한 문제나 출제 가능성이 있는 문제는 붉은 색으로 표시했다. 심화된 개념이나 유사문제까지 따로 메모한 학생도 있었다. 어떤 방식이든 자신만의 흔적이 남았고, 특별한 표시들이 있었다.

특히 틀린 문제는 노트에 문제를 옮겨 적어, 여러 가지 방법으로 풀이를 했다. 성취도가 높은 학생들의 공통점은 정확하게 풀이하지 않은 문제는 모두 자신의 방법으로 정리한다는 것이다. 이 학생들은 100개의 문제 중 자신이 모르는 10개의 문제를 더 철저하게 정리했다. 자신이 이해하지 못한 개념이나 풀이 방법에 많은 시간을 투자해 반드시 자신의 것으로 만들려는 노력을 했다.

반면 성취도가 낮은 학생들은 문제를 풀어서 맞힌 것에만 집중하는 경향이 많다. 틀린 문제는 체크하는 것으로만 끝나는 경우도 있다. 이해를 못해 틀린 문제를 단순히 틀린 것으로만 생각한다. 다시 풀어보는 정도로 끝낸다. 그러다 보니 다음에도 똑같은 유형의 문제를 똑같이 틀린다. 문제 풀이 후 그 다음 과정이 없는 경우가 대부분이다.

학생들에게 항상 강조하는 말이 있다. "수학 문제 풀이는 공부가 아니란다. 이것은 너의 부족한 것이 무엇인지를 찾아나가는 과정이란다. 진짜 공부는 그 다음부터지."

내가 틀린 문제가 문제해결력을 향상시켜준다

수학 문제를 어떻게 풀고, 문제에 대해 어떤 생각을 가지고 있느냐에 따라 성취도는 달라진다. 수학 문제를 바라보는 시각과 문제에 접근하는 방식과 문제의 이해도가 중요하다. 이해하지 못해 풀이 방법을 몰랐던 문제들을 '어떤 방식으로 자신의 것으로 만들 것인가' 고민하는 것이 진짜 수학 공부, 최강의 수학 공부인 것이다. 이 생각으로 꾸준히 공부해야만 성취도에도 반영이 되고, 자신감을 가질 수 있다.

학교 시험에서 10% 정도, 수능에서는 27 : 3 정도로 최상위 문제가 출제되고 있다. 최상위 문제는 다양한 개념을 알고 있고 많은 문제 풀이 경험이 있어야 접근할 수 있고, 해결할 수 있다.

문제 풀이의 경험은 여러분들이 힘들어했던 100개의 문제 중 10개의 문제를 해결하면서 쌓인다. 그 노력이 여러분들의 수학적 해결력의 바탕이 되는 것이다.

꼭 기억하길 바란다. 기본 문제든 심화 문제든 여러분들에게 필요한 것은 자신이 이해하지 못했던 문제들이다. 그 문제들을 자신의 것으로 만드는 순간, 여러분들의 해결력은 향상될 것이다. 그러면 자신감이 더 생길 것이고, 수학 문제 풀이가 재미있을 것이다.

단언컨대 수학 문제만 푸는 것은 공부가 아니다. 문제 풀이를 통해 자신의 장단점을 알아가고, 단점을 줄여나가는 것이 진정한 수학 공부다. 이제 여러분들이 풀이하는 문제 하나하나에 관심을 가져보길 바란다.

틀리거나 정확히 이해하지 못한 문제들은 수학 개념을 더 다지기 위한 좋은 자료들이다. 그 자료들을 통해 수학 개념을 더 견고하게 하고, 해결방법을 찾아나가는 데 활용해보자.

수학을 잘하고 싶다면
노트 정리는 꼭 필요하다

노트 정리를 하는 방법에는 정답이 없다. 공부한 것을 자신의 방식대로 정리하면 충분하다. 다만 노트 정리를 단계별, 유형별로 정리해놓으면 활용성이 더 높아진다는 것만 기억하자.

수업을 듣고 머릿속으로 모든 내용을 기억할 수만 있다면 얼마나 좋을까? 그러나 사람은 망각의 동물이므로 수업을 듣고 10분이 지나면 잊어버리기 시작한다. 1시간이 지난 후에는 50% 이상을 잊고, 1일이 지난 후에는 70% 이상을 잊어버린다.

특히 수학 개념은 수업을 들으면서 정리하지 않는다면 이해하기도 어려울 뿐만 아니라 쉽게 잊어버릴 가능성이 더 높다. 그만큼 노트 정리를 하는 것은 수업내용을 이해하고 자신의 것으로 만드는 가장 좋은 방법이라 할 수 있다.

노트 정리에는 정답이 없다. 노트 정리를 통해 자신이 공부한 개념을 이해하는데 도움이 되고, 자신의 부족함을 찾기 위한 기록이면 된다. 또한 노트 정리를 통해 전체적인 수학 개념을 정리해 활용할 수만 있다면 충분하다. 그것이 바로 노트 정리의 목적이기 때문이다.

노트 정리는 자신의 방법으로 하자

노트 정리의 활용성을 좀더 높이는 효율적인 방법은 분명 있다. 노트 정리 속에 자신이 공부한 흔적이 잘 남겨져 있고, 그 노트를 통해 자신의 부족함을 찾아 해결할 수만 있다면 말이다.

수학을 잘하는 학생들의 노트 정리는 남다르다. 글씨가 예쁘고 정리가 잘 되어 있는 것만이 아니다. 노트 속에 자신이 정해놓은 표시들이 많다. 중요한 것만 표시하는 것이 아니라, 선생님의 중요한 설명이나 시험에 출제 가능한 내용 등을 포함해 자신의 이해도까지 글이나 표시로 나타낸다.

마치 노트를 미술시간의 도화지처럼 사용한다. 그 도화지 속에 산과 나무, 새들을 그려가면서 숲을 완성시키는 것과 같이 노트를 정리한다. 개념과 문제유형, 틀린 문제에 대한 오답정리는 물론이거니와 개념을 익히고 이해하면서 자신의 것으로 만들어가는 스토리가 담겨져 있다.

즉 노트에 하나의 맥락이 있는 것이다. 그 맥락으로 개념을 익히고 문제 풀이를 통해 개념을 이해한 후 적용하고 활용할 수 있는 힘을 키우려는 노력과 흔적이 고스란히 노트에 남겨져 있다.

노트 정리는 자신의 방법으로 어떻게 해도 상관없다. 그러나 노트에는 공부한 내용의 스토리가 담겨져 있어야 하고, 수학 개념을 다지기 위한 자료가 되어야 한다. 그것이 노트 정리의 핵심이다.

노트는 유형별로 정리하고 사용하라

노트 한 권에 수학 개념, 핵심문제, 오답정리 등을 모두 정리해도 되지만 한 학기만 지나도 몇 권이 될 수 있다. 여러 권의 노트는 복습이나 활용할 때 다시 정리를 해야 한다. 그래서 노트 정리는 유형별로 정리하는 것이 좋다. 수학 개념을 배우면서 정리하는 개념노트, 문제 풀이 후 틀린 문제를 정리하는 오답노트 등 자신이 공부한 내용들을 단계별, 유형별로 정리하는 것이 일반적이다.

수학시간에 세 권의 노트를 준비하라고 학생들에게 조언한다.

하나는 수학 개념을 정확히 이해하고, 자신의 이해정도를 기록하는 개념노트다. 개념노트에는 수학 개념을 정리하는 것뿐만 아니라 어떻게 이해했고, 어떤 부분이 이해하기 어려운지를 자세히 써보라고 한다.

또한 지금 배우는 수학 개념의 이전 단계와 다음 단계를 설명해주면서 전체를 그려보고, 지금 배우는 개념이 왜 중요하고 필요한지에 대해서도 써보라고 한다. 그만큼 노트에는 다양한 것을 써보고, 자신의 생각들이 흔적으로 남아 있어야 그 활용도가 높기 때문이다.

다른 하나는 오답노트다. 오답노트는 수학 공부를 하는 학생들이라면 대부분 사용하는 노트다. 자신이 틀린 문제를 다시 한 번 써보고, 어느 부분이 이해하기 어려운지를 기록해 부족한 것을 정리하는 것이다.

오답노트를 통해 자신의 부족함이 잘 드러나 있고, 그 이유까지 알아간다면 똑같은 실수를 줄일 수 있다. 사실 평가에서 자신이 알고 있는 것을 실수만 하지 않아도 80% 이상은 성공이다.

마지막으로 퍼즐노트다. '수학시간에 무슨 퍼즐노트가 필요할까'라고 생각할 수 있다. 나는 수학시간 마지막 10분 정도를 창의력 퍼즐 문제 풀이시간으로 갖는다. 교과내용과 관련된 퍼즐 문제를 제시하고 함께 풀어나가는 시간이다. 수학시간에 좀 더 흥미를 느끼길 바라는 마음으로 시작했다. 학생들도 많은 관심을 보였고, 지금은 학생들이 직접 퍼즐 문제를 만들기까지 한다. 사실 이 퍼즐노트는 학생들의 아이디어 노트라고 할 수 있다.

창의력 퍼즐 문제를 해결하는 것보다 자신의 생각들을 노트에 써보고, 직접 문제도 만들어보는 것이 목적이다. 어떤 것이든 스스로 생각해볼 수 있는 기회가 되고, 그러한 흔적들을 남기면 된다. 여러분들은 아이디어 노트라는 이름으로 수학내용을 비롯해 자신의 새로운 생각들을 기록하는 것으로 사용하면 된다.

어느 순간 번뜩이는 자신의 생각들을 간단히 기록해놓으면, 공부뿐만 아니라 앞으로 자신에게 유용한 재산이 될 것이다. 어쩌면 개념노트, 오답노트보다 더 필요한 것이 아이디어 노트인 퍼즐노트일지도 모른다. 수학을 배우는 최종목표는 다양하고, 새롭게 생각할 수 있는 힘과 함께 자신의 참신한 아이디어를 생산하기 위한 것이다. 그러한 목표를 향해 나아가는 과정에서 필요한 노트가 바로 퍼즐노트라 생각한다.

매일매일의 꾸준한
문제 풀이가 중요하다

수학 공부 습관 중 가장 중요한 것은 꾸준함이다. 매일매일 꾸준히 하는 공부가 수학 공부의 효율성을 높여준다. 꾸준함이 자신의 공부 습관이 되었을 때 좋은 변화를 맛볼 수 있을 것이다.

수학 공부에서 가장 중요한 것은 꾸준함이다. 수학적으로 뛰어난 재능을 가지고 있더라도 꾸준함이 뒷받침되지 않는다면 좋은 결과를 얻기 어렵기 때문이다. 학년이 올라갈수록 꾸준함이 강력한 무기임을 확인할 수 있을 것이다.

수학의 노벨상으로 불리는 필즈상을 수상한 수학자들도 뛰어난 재능과 함께 꾸준함을 강조한다. 꾸준한 연구와 생각들이 그들을 그 자리에 올려놓았다고 말한다.

수학을 공부하는 학생들에게 꾸준함에 대해서 강조하고, 다음과 같은 말을 해줄때가 있다.

"수학은 매일 꾸준히 공부해야 한다. 하루에 10문제씩이라도 매일 풀이하면 일주일이면 70문제, 한 달이면 300문제가 된다. 하루의 10문제씩 풀이하는 것은 그리 어렵지 않다. 그런데 한 달에 300문제를 넘게 풀어보라고 하면 겁부터 먹을 것이다. 한 달 동안 하루에 10문제씩 풀이할 자신이 없는 것이다. 우리는 꾸준함을 무서워하는 것일지도 모른다. 지금부터 꾸준함에 도전해봐라."

수학 공부는 꾸준함이 중요하다

우리 속담에 '티끌모아 태산'이란 말이 있다. 티끌을 모아 언제 태산을 만들 수 있을까라고 생각하며 티끌을 모으는 행동을 하지 않는다. 그러나 티끌을 모으기 시작해야지만 조그마한 산이라도 만들 수 있다. 자신이 꾸준히 할 수 없다는 두려움으로 시작조차 하지 않는다. 우선 시작을 해보자. 그리고 매일매일 시작이라 생각하고 티끌을 모은다면 태산을 만들어갈 수 있다.

　꾸준함은 우리들을 좋은 방향으로 이끌어준다. 공부에서도 마찬가지다. 하루의 10문제와 한 달의 300문제를 다르게 느끼는 것은 꾸준함이 작동되지 않기 때문이다. 공부에서 꾸준함이 작동되면 그 파괴력은 강력하다. 정말 티끌을 모아 태산을 만들 수 있을지도 모른다.

수학을 어려워하는 학생이 있었다. 이 학생은 공부를 열심히 하는데 성적이 잘 나오지 않는다고 상담을 하러 왔다. 상담 후 그 학생의 공부 습관에 문제가 있다는 것을 알았다.

그 학생은 일주일에 이틀 정도 수학 공부를 하고, 한 번에 100문제 정도를 풀이한다고 했다. 그것도 학원숙제가 있을 때만 문제 풀이를 한다고 했다. 몇 가지 질문을 더 해보니, 그 학생은 한 번에 100문제를 풀이하는 것이 힘들었지만 숙제라서 어쩔 수 없이 했다고 말했다.

이 학생의 공부 습관에는 꾸준함이 없었다. 게다가 스스로 계획한 공부가 아닌, 억지로 하는 공부였다. 당연히 효율성이 떨어지는 공부 습관이다. 효율성이 떨어지면 공부를 하고 있는 것 같은 착각에 빠져들기 쉽다. 공부를 했다고 생각하지만 의미 없는 시간을 보낸 것이다.

매일 꾸준히 하는 공부가 효율성을 극대화한다

공부의 효율성을 극대화하기 위해서는 매일매일 꾸준하게 하는 것이 중요하다. 일주일에 70문제를 푼다고 했을 때 하루에 70문제를 풀이하는 것보다 매일매일 10문제를 풀이하는 것이 더 효율적이다. 왜냐하면 사람들의 뇌는 매일매일 작동될 때 더 기억을 잘 하기 때문이다. 그래서 꾸준함은 가장 좋은 공부 습관이라 할 수 있다.

이제 꾸준함을 실천해보자. 특히 수학을 공부할 때 꾸준함이 더 많이 작동되도록 계획을 세워보자. 처음에는 일주일 단위로, 그 다음에는 한 달 단위로 꾸준함을 실천해보자. 꾸준함이 자신의 공부 습관이 되었을 때 많은 변화를 맛볼 것이다.

스스로 공부 계획을 세우고 하는 꾸준함은 그 어떤 것보다 큰 힘이다. 여러분들의 생각과 실천에 의해 꾸준함이 작동되길 바란다. 또한 꾸준함을 통해 수학적인 생각과 문제해결능력도 향상되길 바란다.

수학 공부는
교과서가 중심이다

교과서는 배워야 할 교과내용과 이뤄야할 학습목표를 담고 있다. 평가를 위한 중요한 지침서이자 바로미터다. 교과서를 어떻게 공부하고 활용하느냐에 따라 결과는 달라진다. 때문에 교과서가 공부의 중심이 되어야 한다.

수학교과서를 꼼꼼히 보는 학생들이 많을까? 생각보다 많지 않다. 교과서 안에는 기본적인 개념과 문제만 있다고 생각해 시험 준비를 위해 한두 번 보는 것으로 끝나는 것이 대부분이다.

쉬운 내용이라 할지라도 전체적인 교과내용과 학습목표, 성취수준 등을 담고 있다. 또한 간단한 유형의 문제부터 심화 문제, 창의력 문제까지 꼭 알아야 하는 전체 그림을 보여준다. 그래서 수학 공부를 할 때는 교과서가 중심이 되어야 한다. 대학수학능력평가에서 만점을 받은 학생이 기자의 인터뷰에 답하는 내용이 눈에 띈다.

"어떻게 공부를 해서 이렇게 좋은 결과를 얻었나요?"

"교과서 위주로 매일매일 철저하게 공부했어요."

많은 사람이 수능에서 만점을 받은 학생이 교과서 위주로 공부했다는 말에 의문을 가질 것이다. 아마 사교육도 많이 받고, 교과서뿐만 아니라 많은 문제집을 풀었을 것이라 추측할 것이다. 그러나 교과서 위주로 공부했던 학생들이 실제로 좋은 결과로 이어지는 경우가 많다. 반대로 교과서를 아예 보지 않고 공부하는 하는 학생들이 좋은 결과를 얻는 것은 드물다.

물론 교과서로만 공부해 수능시험에서 좋은 결과를 얻는 것은 어려운 일이다. 그러나 공부할 때 교과서가 중심이 되어야 하는 것은 불변의 진리다. 교과서는 학생들이 배워야 할 단원과 내용, 학습목표 등을 포함하고 있기 때문이다.

교과서는 평가를 위한 기준이다. 공부를 시작할 때 기준을 먼저 확인해야 하는 것은 당연하다. 평가도 성취기준을 충족하는지를 파악하는 것이다. 그렇기 때문에 공부와 평가에서 성취기준을 담고 있는 교과서의 내용은 다른 어떤 것보다 중요하다.

교과서가 중심이 되어야 하는 이유

수학을 잘하는 학생들도 가장 먼저 보는 것이 교과서다. 교과서의 내용을 바탕으로 공부 계획을 세우기 위함이다. 교과서를 그냥 보는 수준이 아니라, 꼼꼼히 확인해 하나하나의 내용을 자신의 방식대로 재배치해 정리한다. 조금이라도 이해가 안 되는 부분이 있으면 표시해 질문한다. 이렇게 공부의 기준이 되는 것은 교과서다.

최근에 〈2015 개정교육과정〉이 발표되었고, 2018년부터 순차적으로 중학교 1학년과 고등학교 1학년의 교과서가 바뀌고 있다. 〈2015 개정교육과정〉의 핵심은 과정 중심의 평가다. 교과서도 과정 중심 평가에 무게를 두고 만들어졌다.

기존의 결과 중심에서 과정 중심으로 무게 중심을 변경하는 시기라서 교과서가 더 중요해질 수밖에 없다. 교과서의 내용과 성취기준은 그대로 내신평가와 수능에 반영되기 때문이다. 이 또한 어떤 방식으로 공부하든 교과서가 중심이 되어야 하는 이유다.

교과서는 수학 공부의 좋은 재료다

학교에서 실시되는 정기 평가의 예를 들어보자. 중간고사나 기말고사같은 정기 평가는 그동안 학습 내용을 제대로 알고 있는지를 평가하는 시험이다. 시험을 준비하는 학생이나 시험을 출제하는 교사에게 기준이 되는 지침서는 교과서다.

특히 교사들에게 교과서의 내용들은 출제를 위한 중요한 재료와 같다. 그 속에 있는 교과내용과 문제 뿐만 아니라 단원을 소개하는 내용이나 읽을거리, 창의력 문제 등 모든 것이 출제를 위한 재료들이다. 그 재료들을 어떻게 조합해 문제를 만드느냐에 따라서 난이도는 크게 달라질 수 있다.

실제로 학생들이 어려워하는 문제들은 심화 문제집에 나와 있는 문제들이 아니라 오히려 교과서에 나와 있는 개념을 활용한 것들이다. 학생들은 문제집에 나와 있는 기본 문제나 심화 문제에 익숙하다. 아무리 어려운 문제라도 익숙해지면 점차 쉬워지는 법이다. 그래서 학생들이 어려워하는 정기 평가 문제들은 교과서의 읽을거리나 창의력 문제를 바탕으로 만들어진 것들이 많다.

교과서가 중요하다는 것은 누구나 알고 있다. 그러나 공부할 때 교과서를 하나하나 꼼꼼히 확인하고 평가를 추측해보는 학생들은 그리 많지 않다. 교과서가 공부의 방향을 제시해주는 지침서임에도 말이다. 수학 공부의 시작이자 마무리는 반드시 교과서가 되어야 한다.

공부를 할 때 항상 교과서를 준비해놓고, 확인하고 정리해야 한다. 또한 교과서의 내용을 좀더 깊이 있게 공부해보는 것도 좋다. 교과서에 나와 있는 읽을거리를 포함해 창의력과 관련된 퍼즐내용들은 깊이 있는 공부에 좋은 재료들이다. 수학 개념을 확장해나갈 수도 있고, 창의적인 생각들을 키워나갈 수 있기 때문이다.

여러분들이 배우고 있는 교과서를 펴고, 그 속에 있는 수학 개념과 문제부터 풀이해보자. 교과서문제가 쉽다고 생각하겠지만 여러분들이 이뤄야 하는 성취기준과 학습목표를 반영한 것들이다. 즉 가장 기본적인 문제인 것이다. 그러한 문제들을 좀더 세밀하게 정리해보고, 관련문제를 찾아보는 것이 좋다.

또한 개념과 관련된 읽을거리를 포함해 교과서의 모든 내용들을 꼼꼼히 살펴보고, 관련 내용을 찾아보자. 진짜 공부는 직접 찾아가면서 확인하고, 자신의 것으로 만들어보는 것이다.

마지막으로 시험을 대비해서 교과서를 펼쳐놓고, 평가 문제가 될 수 있는 것들을 정리해봐라. 모든 평가의 지침서인 교과서의 내용을 어떻게 정리하고 활용하느냐에 따라 여러분들의 결과는 얼마든지 좋은 방향으로 변할 수 있다.

다양한 경험들을 통해
생각하는 힘을 키우자

창의력, 사고력, 논리력 같은 생각하는 힘은 다양한 경험으로부터 키워진다. 수학 문제 풀이는 그 경험 중 하나일 뿐이다. 생각하는 힘은 독서, 문제 풀이, 만들기, 퍼즐놀이 등을 즐겁게 하면서 자연스럽게 향상된다.

수학 공부에서 창의력, 사고력, 논리력이 중요하고 필요하다고 말한다. 그럼 창의력과 같은 생각하는 힘은 어떻게 키워질까? 수학 문제만 풀이하면 향상될까? 아니다. 오히려 반복해 같은 문제를 풀이하는 것은 생각하는 힘에 방해가 된다.

수학 문제 풀이도 생각하는 힘을 키우기 위한 하나의 경험이다. 독서·문제 풀이·퍼즐 활동 등 다양한 경험으로부터 창의력·사고력·논리력 등이 향상될 수 있다.

요즘 가장 많이 이야기되고 있는 창의력은 새로운 생각을 할 수 있는 능력이고, 사고력은 생각하고 판단하는 힘이다. 논리력은 관계를 잘 파악해 표현해내는 힘이다. 수학뿐만 아니라 모든 과목을 공부하는 데 필요한 능력이다.

특히 수학에서는 문제나 상황이 주어지면 새로운 생각을 해보고, 관계를 파악해 판단한 후 표현해내는 것이 중요하다. 다른 어떤 과목보다도 수학 과목에 창의력·사고력·논리력이 더 필요한 이유다.

최근 이러한 것들을 반영하듯, 창의력과 관련된 사교육이 우후죽순처럼 생겨나고 있다. 부모는 아이가 어릴수록 창의력과 관련된 사교육을 받으면 생각이 깊어지고, 수학 공부에도 도움이 된다고 생각한다.

물론 어린아이들이 다양한 문제나 상황에 노출되고, 퍼즐놀이 등 다양한 자극을 받는다면 생각하는 힘을 키울 수 있다. 그러나 누군가에 이끌려 창의력이 학습이 되는 순간, 그 효과는 줄어든다. 어린아이가 그냥 재미있게 블록이나 퍼즐조각을 맞추면서 자연스럽게 창의력이 생겨나는 것이 더 효과적일 수 있다.

문제 풀이는 다양한 경험 중 하나일 뿐이다

수학 문제만 많이 풀어본다고 창의력·사고력·논리력과 같은 생각하는 힘이 키워질까? 만약 문제 풀이에 비례해 생각하는 힘도 커진다면 누구에게나 지름길이 있는 것이다. 그러나 여전히 많은 학생이 창의력 문제는 어려워한다. 그리고 스스로 진단까지 내린다. 문제 풀이가 부족하다고.

그러나 문제 풀이보다 다양한 독서활동이 우선이다. 수학도서를 비롯해 사고력·논리력에 대한 독서를 통해 이해력과 분석력을 키워야 한다. 그런 다음 문제 속에서 전체적인 개념을 이해하고, 그 속에 숨어 있는 핵심적인 아이디어를 찾는 연습이 필요하다.

또한 도형을 직접 그려보거나 만들어보는 것도 도움이 된다. 생각하는 힘은 다양한 경험으로부터 얻어지고 향상되기 때문이다. 수학 문제 풀이는 그 경험 중 하나일 뿐이다.

생각하는 힘을 키우는 방법

그럼 생각하는 힘은 어떻게 키울 수 있을까? 생각하는 힘은 다양한 경험으로부터 키워진다. 다양한 경험에는 독서·문제 풀이·도형 만들기·관찰하기·퍼즐놀이 등이 있다. 눈과 귀로 보고 듣고, 직접 만들어 만져보고 관찰해보는 모든 활동을 경험이라 할 수 있다. 이러한 경험들은 여러분들이 수학 문제를 파악하고 적용해 표현하는 것까지 할 수 있는 힘의 바탕이 된다.

다양한 경험들에 대해 좀더 확인해보자.

첫 번째는 다양한 독서활동이다. 다양한 독서는 수학뿐만 아니라 모든 공부의 밑바탕이 되는 활동이다. 공부의 시작은 개념을 이해하고, 문제를 파악하는 것이다. 이때 폭넓은 독서는 개념을 이해하는 데 도움이 될 뿐만 아니라 문제를 이해하고 파악하는 데도 큰 도움을 준다. 만약 문제파악 단계부터 힘들다면 수학도서를 비롯해 다양한 독서를 생활화하길 바란다. 다양한 독서는 공부뿐만 아니라 여러분들의 삶 속에서 귀중한 재산이자 능력이 될 수 있다.

두 번째는 수학 문제 풀이 경험이다. 수학 공부에서 문제 풀이가 중요한 것은 당연하다. 문제 풀이를 통해 해결능력이 향상될 수 있으나, 풀이로만 끝나면 안 된다. 문제 풀이를 통해 자신이 알고 있는 수학 개념을 확실히 하고, 문제 속에서 해결의 실마리를 찾는 연습을 해 정리까지 해야 한다. 이렇게 쌓인 경험이 창의력·사고력·논리력 등 생각하는 힘의 밑천이 된다.

세 번째로 직접 도형을 그려보는 것이다. 도형을 정확하게 그려보면 그 속에서 해결의 실마리를 찾을 확률이 높다. 특히 창의력을 요구하는 문제라면 대개 도형 자체가 해결을 위한 힌트가 된다. 최대한 정확히 그려보는 것만으로도 내가 알고 있는 수학적 지식을 어떻게 활용할지 알 수 있고, 핵심적인 아이디어를 찾을 수 있다는 점을 기억하자.

네 번째로 직접 만들어보고 관찰해보는 것이다. 수학 공부를 할 때 개념을 익히고 문제 풀이 정도로만 끝나면 심화 문제나 창의력 문제 풀이에 어려움이 많을 수 있다. 특히 입체도형과 관련된 문제에서 도형 자체가 머릿속으로 그려지지 않아 해결의 실마리를 찾지 못하는 경우가 많다.

이런 경우 직접 만들어보고 관찰하는 것이 필요하다. 머릿속으로 떠올릴 때와 직접 만들어 관찰해보는 것은 큰 차이가 있다. 눈으로 보고 관찰하면 문제파악이 쉽고, 핵심적인 요소를 찾아낼 가능성이 매우 높다. 귀찮다고 생각하지 말고 연습 단계에서부터 직접 만들어보고, 관찰을 통해 문제를 해결해보길 바란다. 그럼 자신도 모르는 사이에 문제해결능력이 부쩍 향상될 것이다.

마지막으로 퍼즐 문제나 교구에 관심을 갖는 것이다. 퍼즐 문제는 수학 문제와 달리 문제 풀이 연습만으로 해결되는 것이 아니다. 그 속에 숨어 있는 아이디어를 찾고, 오랜 시간을 집중해야만 풀이할 수 있는 것들이 많다.

또한 큐브나 보드게임 등의 퍼즐교구를 가지고 활동하는 경험은 전체를 볼 수 있는 힘을 키워준다. 큐브의 회전 패턴을 이해해 해법을 찾는 것, 루미큐브 등 보드게임에서 자신만의 승리전략을 찾는 것들은 깊고 넓게 생각할 수 있는 기회를 만들어 준다. 이렇게 다양한 경험을 통해 얻어지는 것이 창의력·사고력·논리력 등 생각하는 힘이다.

물론 가장 중요한 핵심은 스스로가 즐거워하는 경험이어야 한다는 것이다. 수학 문제 풀이든 독서든 퍼즐 활동이든 생각하는 힘을 키우기 위해 학습되어진다면 그 효과는 떨어질 수밖에 없다. 자신이 즐거워서 하는 활동이어야 생각하는 힘도 저절로 향상될 수 있다.

누군가에 끌려서 창의력이 향상될 것이라는 정답을 정해놓고 하는 활동들은 하나의 수업에 불과하다. 좋아서 하는 활동이어야만 그 의미가 있고, 좋은 변화를 맛볼 수 있다.

생각하는 힘을 키우기에 좋은 유명한 퍼즐 문제

퍼즐에 관심이 있다면 유명한 퍼즐리스트인 샘 로이드Sam Loyd 나 헨리 듀드니Henry Dudene의 이름을 들어봤을 것이다.

샘 로이드는 미국의 가장 위대한 퍼즐리스트로 1만 개가 넘는 퍼즐 문제를 제작해 발표한 바 있다. 그의 퍼즐은 수학적 생각과 함께 참신하고 기발한 아이디어를 담고 있어, 오늘날까지 많은 사랑을 받고 있다. 또한 헨리 듀드니는 영국의 퍼즐리스트로 샘 로이드와 함께 퍼즐의 황금기를 만든 주인공이다. 그는 도형을 여러 조각으로 분할한 뒤, 분할된 도형을 연결해 새로운 도형을 만드는 '분할 퍼즐Hinged dissection'에 관심이 많았다.

이들의 퍼즐을 비롯해 유명한 고전퍼즐 문제를 다뤄보는 것
만으로도 생각의 깊이는 확장될 수 있다.

다음 몇 개의 퍼즐 문제를 소개한다. 직접 풀이해보고 해결
방안을 찾는 데 도전해보자.

아래의 문제는 샘 로이드의 '귀부인과 크로켓'이라는 퍼즐
문제를 변형해 만든 퍼즐 문제다.

> 문제 ◆ 16개의 치즈가 정사각형 형태의 격
> 자 위에 있다. 생쥐는 직선으로만 움직이고, 모
> 든 치즈를 다 먹으려고 한다. 6회 이동으로 모
> 든 치즈를 먹을 수 있는 방법을 찾아라.
> (대각선으로 이동도 가능하다)

예를 들어 오른쪽과 같이 생쥐가 움직
이면 모든 치즈를 먹을 수 있고, 이동수는
7회다.

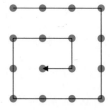

이 문제는 우리의 고정관념을 깨야만
해결할 수 있다. 우리는 문제가 주어지면 문제에 집중한다는 명
분으로 틀을 깨지 않으려 한다. 위의 문제에서 16개의 점들을 연
결하는 것에만 집중한다. 그럼 절대로 6번 만에 해결할 수 없다.

이 문제의 핵심은 점과 점을 직선으로 연결할 때 밖으로 벗어나야 하는 것이다. 고정관념을 깨고 새롭게 생각해야만 해결의 실마리를 찾을 수 있는 문제다. 이러한 퍼즐 문제를 통해 수학 공부에서도 틀을 깨고 새롭게 생각하는 힘을 기를 수 있다. 정답은 아래와 같다.

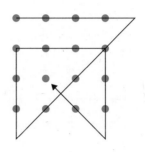

아래의 문제는 샘 로이드의 '적십자 퍼즐 문제'로, 도형을 분할해 새로운 도형을 만드는 퍼즐이다.

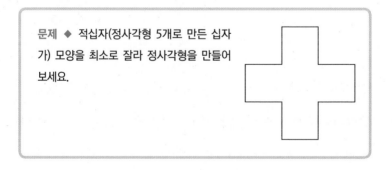

문제 ◆ 적십자(정사각형 5개로 만든 십자가) 모양을 최소로 잘라 정사각형을 만들어 보세요.

도형분할 퍼즐 문제는 우선 수학적으로 접근해보는 것이 필요하다. 위의 적십자 모양의 한 변의 길이를 1이라고 한다면 면적은 5다. 이제 이 도형을 조각으로 잘라 정사각형을 만들어야 한다. 그 정사각형의 한 변의 길이 x는 $x^2 = 5$이므로 $x = \sqrt{5}$ 다. 위의 도형을 조각으로 자를 때 새로운 도형의 변의 길이가 $\sqrt{5}$ 인 것이 있어야 한다.

다음으로 해결방안을 찾아보자. 아래 그림과 같이 적십자를 격자조각으로 나눈 후, 분할할 도형을 생각해보자. 두 번째 그림처럼 자르면 굵은 선의 길이는 $\sqrt{5}$ 다. 굵은 선의 길이가 정사각형의 한 변의 길이가 되도록 재배열하면 이 문제는 해결된다.

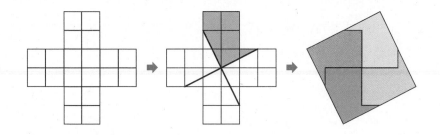

다음은 샘 로이드가 직접 만들고, 정답까지 제시한 문제다. 그런데 헨리 듀드니가 샘 로이드의 풀이에 오류를 지적하고 다시 자신의 풀이를 제시한 퍼즐로 유명하다.

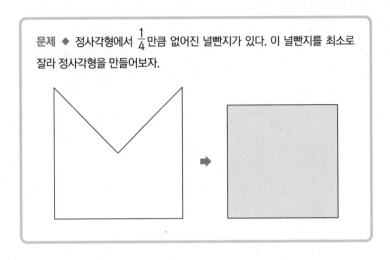

문제 ◆ 정사각형에서 $\frac{1}{4}$만큼 없어진 널빤지가 있다. 이 널빤지를 최소로 잘라 정사각형을 만들어보자.

샘 로이는 널빤지를 4조각으로 잘라 정사각형을 만들 수 있다고 하면서 자신의 방법을 다음과 같이 제시했다.

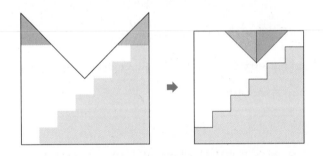

그러나 듀드니는 4조각으로 잘라 정사각형을 만들면 직사각형이 착시현상으로 정사각형처럼 보이는 것이라 말했다. 특별한 경우만 계단모양으로 잘라 정사각형을 만들 수 있다고 하면서, 5조각으로 잘라 정사각형을 만드는 방법을 제시했다.

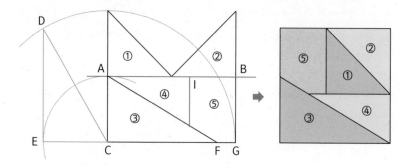

첫 번째 그림은 한 변의 길이가 2인 정사각형에서 $\frac{1}{4}$를 제외한 것이다. 면적을 구하면 3이 된다. 이 널빤지를 조각으로 나누어 정사각형을 만들면 한 변의 길이가 $\sqrt{3}$이 된다. 이제 왼쪽 도형을 조각으로 나눌 때 새로운 도형의 한 변의 길이가 $\sqrt{3}$인 것이 있는지를 확인해야 한다.

$\overline{EC}=1$, $\overline{CD}=2$가 되도록 직각삼각형 DEC를 만들면 피타고라스의 정리에 의해서 $\overline{DE}=\sqrt{3}$이다. 이를 이용해 첫 번째 그림처럼 조각을 나누면, 두 번째와 같이 한 변의 길이가 $\sqrt{3}$인 정사각형을 만들 수 있다.

다음은 헨리 듀드니의 대표적인 복면산 퍼즐이다. 복면산覆面算 퍼즐은 수학 퍼즐의 한 종류로, 문자를 이용해 표현된 수식에서 각 문자가 나타내는 숫자를 알아내는 퍼즐이다. 숫자를 문자로 숨겨서 나타내므로 숫자가 '복면'을 쓰고 있는 연산이라는 뜻에서 복면산이라 이름 지어졌다. 요즘 TV프로그램 중에 복면을 쓰고 나와 노래를 부르는 사람이 누구인지 맞추는 프로그램을 생각하면 쉽게 이해할 수 있다.

문제 ◆ 다음 알파벳은 0~9까지의 숫자를 의미한다. 물론 맨 앞에 오는 알파벳은 0이 될 수 없고, 다른 문자는 다른 숫자를 의미한다. 헨리 듀드니가 만든 다음 복면산을 풀이해보자.

$$SEND + MORE = MONEY$$

복면산 문제를 풀이할 때 숫자를 하나하나 대입해보는 것 말고 다른 방법이 있을까? 대부분 학생들은 몇 개의 숫자를 대입해 계산을 해보고, 막막하다고 생각해 바로 포기한다.

그럼 특별한 해결방안이 있을까? 복면산 문제는 숫자를 대입해 계산하는 것이 기본이다. 그러나 경우의 수를 줄이면 논리적으로 접근도 가능하다. 예를 들어 위의 문제를 풀이해나가는 과정을 살펴보자.

1단계   SEND + MORE < 2000 이므로 MONEY에서 M은 1이다.

$$
\begin{array}{r}
S E N D \\
+ M O R E \\
\hline
M O N E Y
\end{array}
\quad\Rightarrow\quad
\begin{array}{r}
S E N D \\
+ 1 O R E \\
\hline
1 O N E Y
\end{array}
$$

2단계 M=1이므로 S는 8 또는 9가 가능하다. 만약 8이면 O=0이 되어야 하고, E+O≥10이므로 E=9다. 여기서 E+O=9+0이므로 이전 십의 자리에서 올림을 받더라도 10이 된다. 즉 N=0이다. 그런데 이미 O가 0이므로 N=O가 되어 오류가 생긴다. 그러므로 S=9다.

```
  8 E N D          9 E N D
+ 1 O R E        + 1 O R E
─────────        ─────────
1 0 N E Y        1 0 N E Y
```
⬇   ⬇
```
  8 9 N D          9 E N D
+ 1 0 R E        + 1 0 R E
─────────        ─────────
1 0 N E Y        1 0 N E Y
     ↑
     0 (오류)
```

3단계 이제 확정된 숫자를 제외하고 식을 간단히 한다. 최대한 경우의 수를 줄인 후, 몇 개의 수를 대입해 해결한다.

```
  9 E N D          9 E N D          9 5 6 7
+ 1 0 R E    ➡   + 1 0 8 E    ➡   + 1 0 8 5
─────────        ─────────        ─────────
1 0 N E Y        1 0 N E Y        1 0 6 5 2
```

N=E+1, EN이 NE가 되므로   남은 숫자 2, 3, 4, 5, 6, 7
R은 8 이상   중 E부터 대입해본다

나는 이렇게
수학을
잘하게 되었다

기본개념은 이해하지만
문제 풀이에 어려움이 있는 학생

수학 과목에 자신이 없거나 어려움을 느끼는 학생들이 주로 하는 상담내용이 있다. 기본개념을 다 이해하고 있는데도 문제를 풀이하려고 하면 어떻게 시작해야 할지 모르겠다는 것이다.

무엇이 문제일까? 정말 수학 개념을 이해하고 있는 걸까? 아니면 이해하고 있는데, 문제 풀이의 능력이 문제인가? 여러 가지 경우가 있을 수 있는 상담내용이다. 이런 고민을 가지고 상담을 신청할 때 가장 먼저 하는 것은 학생을 바라보는 것이다. 정서적인 측면이 가장 중요하기 때문이다.

물론 학생의 성취도를 알아보기 위해 몇 가지 수학 개념을 정확하게 이해하고 있는지도 질문을 한다. 짧은 시간이지만 지금까지 공부한 자료를 확인하고, 그 학생과 대화를 하다보면 문제점을 서서히 알게 될 때가 많다.

대개의 경우, 수학 개념의 이해도가 낮은 경우가 많다. 그냥 단순하게 공식처럼 알고 있는 것은 문제에 활용할 만큼 아는 것이 아닌데도 말이다. 단순한 수학 개념이라 할지라도 왜 그런지 그 이유까지 설명하고, 확장되는 개념까지 공부해야 문제를 파악하고 해결하기 위한 도구가 될 수 있다.

그냥 알고 있는 정도로는 부족하다. 내가 가지고 있는 도구가 어떻게 만들어졌고, 어떤 곳에 어떻게 사용될 수 있는지도 알아야 한다. 그래야 비로소 '나'의 도구가 되는 것이다. 다른 사람의 도구는 내가 적절하게 사용할 수 있는 것이 아니다.

수학 개념은 문제 풀이를 위한 기본적인 도구와 같다. 그 도구는 나의 것이어야 하고, 활용방법까지 상세히 알고 있어야 한다. 그럼 어떤 상황에서도 적절하게 사용할 수 있는 순간이 온다. 심화 문제거나 창의력 문제라면 나의 도구가 해결을 위해 더욱 필요하다. 그래서 먼저 기본개념의 이해와 기본 문제 풀이에 집중해야 한다.

또한 다른 경우는 기본개념과 문제 풀이를 별개의 것으로 생각하는 것이다. 기본개념을 이해하고 있지만 그 개념들을 문제 풀이 속에 녹여서 해결방안을 찾아야 한다. 그러나 수학 개념과 문제 풀이를 별개로 생각하고, 문제 풀이에 개념을 전혀 적용하지 못한다.

더 정확하게 말하면 수학 개념의 이해와 문제 풀이를 하나로 생각하지 못하고, 풀어본 문제만 해결하는 경우다. 이런 경우의 학생들은 풀어본 똑같은 문제만을 해결하고, 조금만 변형되더라도 해결방안을 찾지 못한다. 수학 개념을 익히고 문제 풀이 연습을 하는 단계부터 잘못된 경우다. 쉬운 개념이라 할지라도 수학 개념과 문제 풀이를 하나로 생각하고, 자신이 익힌 수학 개념이 문제 풀이 속에서 어떻게 적용되는지, 해결의 실마리를 찾는 연습이 필요하다.

만약 수학 개념과 문제 풀이를 하나의 연결고리로 생각하고, 적용하지 못한다면 기본개념부터 다시 시작해야 한다. 전체적인 틀을 이해하고 있지 않다면 개념 이해가 부족한 것이다. 개념 이해와 문제 풀이 적용은 하나다. 그 하나의 구조를 이해하려는 연습과 노력이 필요하다. 그것이 자신의 것으로 만들어졌다면 개념을 정확하게 이해한 것이고, 이해한 개념을 문제 속에 녹여서 해결방안을 찾을 수 있다.

문제가 잘 안 풀린다고 문제에만 집중하지 말고, 그 속의 개념들을 제대로 이해했는지를 확인해보자. 모든 문제를 개념까지 확인하면서 풀이하는 것이 비효율적이라고 생각할 수도 있다. 그러나 개념과 문제 풀이를 하나로 생각하고, 문제 풀이 속에서 개념 하나하나를 정확하게 확인할 때, 개념도 더 단단해지고, 문제 풀이도 향상될 수 있다. 그래야 개념도 정확하게 이해한 것이고, 이해한 개념을 통해 문제 풀이 능력도 향상된다.

마지막으로 자신의 이해정도를 파악하기 위해 친구와 함께 공부하면서 수학개념을 설명하거나 개념이 적용된 문제를 설명해본다. 잘 이해하지 못했던 친구가 여러분들의 설명을 듣고 이해한다면 정확히 알고 있는 것이다. 누군가에게 수학개념을 설명할 수 있다면 정확하게 이해한 것이다.

수학 공부,
이것이
궁금하다

"큐브나 보드게임을 가지고 노는 것이 수학 공부에 도움이 되나요?"

최근 큐브나 보드게임의 인기가 대단합니다. 마치 마술을 부리
듯 큐브를 척척 맞추는 것을 보면 누구나 매력을 느낍니다. 불
가능할 것처럼 보이지만, 해법을 보고 한 단계 한 단계 익히면
서 큐브를 맞추다보면 어려운 문제를 해결한 것 같은 기쁨을
느낄 수 있습니다. 친구들이 큐브를 하는 모습을 보면 나 또한
하고 싶은 열정이 생깁니다.

　요즘 가끔씩 볼 수 있는 중학교 학생들의 모습입니다. 쉬는
시간마다 큐브를 이리저리 돌리며 해법을 찾으려는 노력을 하
는 모습을 볼 수 있습니다. 큐브의 해법을 외우든 이해하든 잘
맞추는 학생들이 부럽습니다. 그 학생들의 머리가 엄청 좋아서

해법을 잘 외우고 이해한다고 생각합니다. 그러나 남들이 만들어놓은 큐브의 해법을 배우고 익히는 것은 두뇌보다는 끈기나 집중력과 관련이 있습니다. 처음에는 어려워보이는 해법을 꾸준히 연습하면 어느 순간 자신의 것이 되어 버립니다. 마치 자전거를 처음 배우는 아이가 계속 넘어지다가 어느 순간 자전거와 자신이 한 몸이 되면 자신이 의도한대로 움직인다는 것을 알게 되는 것과 같습니다.

큐브의 해법을 익히는 과정에서 필요한 것은 끈기와 집중력, 도전정신입니다. 대개의 학생들은 너무 힘들고 어렵다는 두려움 때문에 도전조차 하지 않으려 합니다. 그래서 큐브의 해법이 어렵다고 말합니다. 그러나 큐브의 해법을 배워나가는 것은 수학 공부를 하는 것과 같습니다. 기본적인 패턴을 이해하고, 그 패턴을 활용해 공식을 만들고, 이를 적용해 큐브를 맞춰나가는 방식입니다.

큐브 맞추기에 도전해 맞춰본 경험이 있는 학생들은 자신감이 있습니다. 하면 된다는 생각을 가지고 있습니다. 이런 생각들은 고스란히 수학 공부에서도 나타날 가능성이 많습니다. 끈기나 집중력, 자신감 등 수학 공부를 위한 정서적인 요소들을 더 많이 가지게 되는 것입니다.

또한 큐브를 가지고 회전 패턴을 이해하려는 노력으로부터 도형에 친숙해질 가능성이 높습니다. 큐브는 입체도형으로 회전을 하면 각각의 큐브조각이 변화됩니다. 그 변화를 예측하는 것만으로도 도형을 관찰해 응용하는 능력이 향상될 수 있습니다. 무엇보다도 학생들은 큐브를 맞춰가는 것이 재미있고 즐겁다고 말합니다.

보드게임은 친구들과 함께 즐기면서 수학적인 감각을 키울 수 있는 놀이입니다. 보드게임에 따라 연산이나 수학적인 사고를 해야 하는 것들도 많습니다. 예를 들어 루미큐브나 다빈치코드처럼 일정한 규칙에 따라 직접적으로 수를 조합하거나 상대방의 숫자를 맞춰야 하는 보드게임이 있습니다. 게임을 하는 것만으로도 연산 등 수학적인 계산과 함께 분석하고 추론해야 하는 능력이 향상될 수 있습니다. 초등학생 뿐만 아니라 중고등학생들에게도 보드게임은 유익한 교구가 될 수 있습니다.

큐브나 보드게임을 즐기는 것이 직접적으로 수학 성적을 올려준다고 말할 수는 없지만 분명한 사실은 집중력과 끈기, 도전정신과 함께 수학적 감각이 향상된다는 것입니다. 공부를 하면서 여유시간에 큐브나 보드게임을 즐기는 것이 가장 효과적이라 할 수 있습니다.

수학을 잘하는 학생들은 머리가 좋거나 수학적 재능을 타고 났다고 생각한다. 그러나 모두 그런 것은 아니다. 오히려 수학을 잘하는 학생들은 자신만의 효율적인 수학 공부법을 가지고 있다는 공통점이 있다. 5장에서는 수학을 잘하고 재미있게 공부하는 학생들의 효율적인 공부 방법을 소개한다. 수학 개념을 배우고 익히는 과정에서부터 문제를 해결하고 정리하는 과정에 이르기까지 실제적인 방법을 제시한다. 수학 공부의 정답은 없지만 효율적인 방법은 있다는 것을 기억하자.

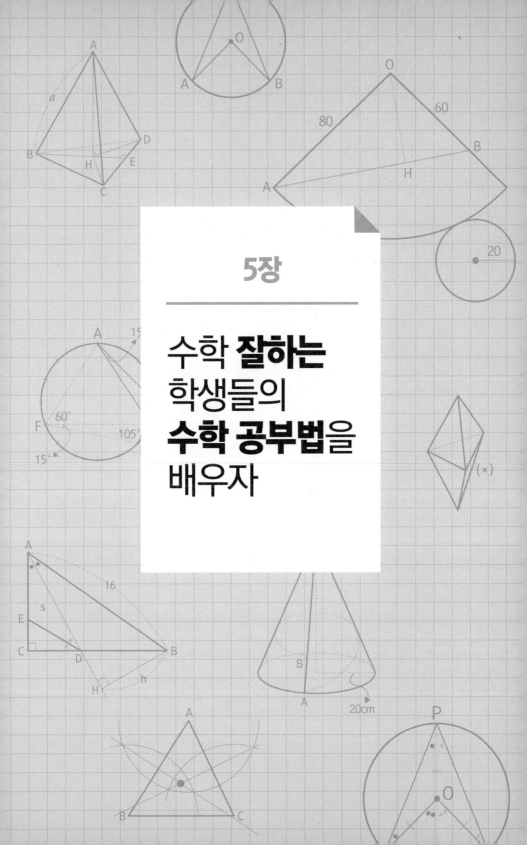

5장

수학 **잘하는**
학생들의
수학 공부법을
배우자

개념 이해와
문제 풀이는 하나다

수학 개념과 문제 풀이는 하나다. 수학 개념을 활용해 해결방안을 찾고, 그 과정에서 개념을 정리할 수 있다. 마치 퍼즐조각들을 맞춰 완성한 후, 각각의 조각들의 특징을 세밀하게 확인하는 것과 같다.

수학 개념을 공부할 때 문제 풀이를 염두에 두고 공부해야 하는 것처럼 문제를 풀 때도 수학 개념을 확인하고 정리해야 한다. 개념 이해와 문제 풀이를 따로 생각하고 공부하면 효율성이 떨어지기 때문이다. 그런데 많은 학생이 수학 개념은 개념대로 공부하고, 문제 풀이는 정답을 찾는 것에만 신경을 쓴다.

그러다 보니 수학 개념을 잊어버려 해결방안을 못 찾거나, 문제를 풀었지만 유사개념을 가지고 있는 다른 문제 풀이를 어려워한다. 문제 속에서 개념을 확인해 정리하는 습관을 기르자. 그것이 효율적인 수학 공부의 시작이다.

수학 공부는 문제 풀이가 중요하니, 수학 개념은 문제를 풀기 전에 이해하고 적용할 정도로만 공부하면 된다고 생각한다. 그런데 막상 문제를 풀다보면 자신이 알고 있는 개념을 문제에 적용하는 것을 어려워한다. 문제가 심화된 내용이거나 창의력 유형의 문제라면 풀이에 필요한 개념조차 찾지 못한다.

그러면서도 학생들은 개념은 이해했는데 문제 풀이가 부족하다고 스스로 진단을 내린다. 그리고 똑같은 패턴으로 개념 이해보다는 문제 풀이에 무게 중심을 둔다. 같은 유형의 문제 풀이에서 같은 실수를 하는데도 말이다. 분명 문제 풀이 속에 숨어 있는 정확한 개념을 이해하지 못했는데도 아무런 처방을 내리지 않는다. 물론 수학에서 문제 풀이는 중요하다. 자신이 알고 있는 생각들을 문제를 통해 연습하고 활용해보는 과정이기 때문이다.

수학 개념과 문제 풀이는 하나다

문제 풀이는 개념을 단단하게 만들기 위한 과정이라고 봐야 한다. 그래서 수학을 공부할 때 개념 이해에 무게 중심을 두어야 한다. 어차피 문제 풀이도 개념을 이해하기 위한 과정이고, 문제 풀이 속에서 찾은 개념들이 확장성을 가지고 있기 때문이다.

개념 이해와 문제 풀이를 2:1 비율로 공부하면 가장 효율적이다. 개념 이해에 공부의 무게 중심을 두는 것이다. 물론 개념 이해에 무게 중심을 둔다고 해서 개념 이해와 문제 풀이를 따로 공부하라는 건 아니다.

수학 개념을 이해하고 문제 풀이 속에서 어떻게 활용되는지를 확인한 후, 다시 개념을 정리해야 한다. 즉 수학 개념을 이해하고 정리하는 과정을 문제 속에서 해야 한다.

개념 이해하기

우선 교과서에 나와 있는 개념을 철저하게 이해한다. 개념을 이해할 때에는 어떻게 이 개념이 생겼는지, 왜 그런지에 대한 생각을 해야 한다. 단순하게 공식처럼 외우는 개념은 그 활용성과 확산성이 떨어지기 때문이다. 그냥 외워서 단순하게 적용하는 개념이나 공식은 실제 문제 풀이에서 큰 힘이 되지 못한다. 단순한 퍼즐 한 조각에 지나지 않는다.

문제 풀이는 내가 가지고 있는 퍼즐조각들을 여기저기에 붙여보면서 완성품을 만들어가는 것이다. 각각의 퍼즐조각들의 특징을 알아야 하고, 어떤 식으로 활용될 것인가도 이해하고 있어야 한다. 그렇게 해야 퍼즐조각들을 맞출 때 여러 번의 시행착오를 걸쳐서 완성된 퍼즐을 만들어갈 수 있다. 또한 퍼즐 조각들을 완성해가면서 각각의 조각들의 특징들을 더 이해하고 확인할 수 있다.

수학 개념을 단순하게 공식으로만 생각하지 말고 '왜 그런지'에 대한 생각을 통해 공부해보자. 이렇게 만들어진 개념의 퍼즐조각들은 문제 풀이를 할 때 강력한 힘이 될 것이다.

문제 풀이와 개념 찾기

수학에서 문제 풀이는 자신이 공부한 내용을 점검하는 과정이다. 당연히 필요한 과정이고, 중요한 단계다. 문제 풀이를 통해 개념을 확인해 정리할 수 있고, 실생활에서 적용할 수 있는 가능성을 엿볼 수 있기 때문이다. 그만큼 수학 공부에서 문제 풀이는 중요하다. 그러나 문제 풀이를 단순하게 정답만을 맞춰나가는 방식으로 하는 것은 효율적이지 않다. 만약 문제 풀이를 정답만 찾아나가는 방식으로만 한다면 정확한 수학 개념의 이해도와 활용성에 문제가 생길 수 있다. 그렇기 때문에 문제를 풀이할 때 자신이 부족했던 개념을 찾고, 어떤 식으로 적용이 될 것인지도 함께 고민해야 한다. 그러면 문제 풀이를 통해 수학적인 감각을 키워나가는 데 많이 도움이 될 것이다.

개념 정리

문제 풀이 속에서 수학 개념을 찾았다면 이제 개념을 더 단단하게 만들 차례다. 자신이 알고 있는 수학 개념을 더 단단하게 만든다는 것은 활용성과 확장성을 말한다. 활용성은 수학 개념이 문제 속에서 어떻게 사용되는지를 파악하는 것이다.

또한 확장성은 수학 개념이 다양한 곳에서 어떻게 확장되는지를 확인하는 것이다. 그래서 문제 풀이가 끝났으면 오답정리를 비롯해 문제 속에서 다시 한 번 개념을 정리해 활용성과 확장성을 생각해보는 것이 필요하다. 물론 이러한 과정을 거치면 수학 개념에 대해 더 확고하게 정리가 되고 단단해질 것이다.

수학 공부는 개념을 익히고 정리해 자신의 것으로 만들었을 때 활용성과 확장성까지 맛볼 수 있다. 그러므로 개념 이해와 문제 풀이는 하나의 연속된 과정이다. 문제의 정답만 찾는 것으로 끝내지 말고, 문제 속에서 개념들을 찾아보자. 그러면 개념을 이해하는 것뿐만 아니라 문제 풀이 능력을 넘어 문제해결 능력까지 향상될 것이다.

기본 문제와 심화 문제는
2:1 비율로 풀어보자

심화 문제 풀이에 어려움이 있다면 기본 문제에 더 집중해야 한다. 기본 문제 풀이의 경험과 기억이 쌓여야 심화 문제의 해결방안을 찾을 수 있고, 풀이 과정의 방향 또한 잡을 수 있다.

수학 공부를 할 때 학생들은 기본 문제보다 심화 문제가 더 중요하다고 생각한다. 심화 문제에 도전해 풀이하면 엄청난 성취감을 느끼기 때문이다.

그러나 심화 문제는 기본 문제를 바탕으로 만들어진 것이다. 기본 문제조차 풀이하지 못하는 학생이 심화 문제에 많은 시간을 투자하는 것은 좋지 않은 공부 습관이다. 자신의 수준을 점검하는 것이 먼저지만, 기본 문제와 심화 문제는 2:1의 비율로 풀이하는 것이 좋다.

어차피 평가에서는 70% 이상은 기본 문제들이 출제되기 마련이다. 또한 심화 문제도 기본 문제를 바탕으로 만들어진 것들이 많기 때문에, 기본 문제를 풀이하면서 다양하게 활용될 수 있는 개념들이나 아이디어 등을 찾아보는 것도 수학을 잘하기 위한 좋은 방법이다.

기본 문제 풀이의 경험이 심화 문제로 이어진다

남들이 못 푸는 문제를 풀었을 때 어떤 느낌을 받을까? 쉬운 문제를 풀었을 때보다 더 많은 성취감을 느끼고, 스스로 만족할 것이다.

그럼 반대로 대부분의 학생이 쉽게 풀어내는 문제를 나만 틀렸다고 한다면 어떤 느낌일까? 그것이 실수이든 실력이든 비참하다고 생각할 수 있다.

그럼에도 불구하고 많은 학생이 수학 공부를 할 때 기본 문제보다 심화 문제에 더 많은 시간과 노력을 투자한다. 기본 문제만 간신히 해결할 수 있는 정도인데도 말이다. 기본 문제보다 어려운 심화 문제를 풀어야만 수학 공부를 하는 것 같다고 말하는 학생들이 많다.

또한 쉬운 문제는 한두 번 풀이해보면 어렵지 않게 해결할 수 있다고 생각한다. 심지어 기본 문제조차 해결하기가 버거운 학생들도 심화 문제는 꼭 도전해야 한다고 생각한다. 그런데 여러분들이 치르는 학교시험이나 수능을 생각해보자. 그 속에 기본 문제가 많은지, 아니면 심화 문제가 많은지 확인해보면 바로 알 것이다.

대개의 평가는 기본 문제가 70% 이상이나 80% 가까이 출제된다. 이때 기본적인 80%를 모두 맞추고, 심화 문제 20%를 풀어야만 좋은 성적을 거두는 것이 당연하다. 그런데 중요한 것은 학생들이 기본적인 문제 풀이도 힘들어하는데 심화 문제에만 집중하는 것이다.

심화 문제는 기본 문제 풀이를 통해 쌓아온 경험과 생각으로 해결전략을 찾을 수 있다. 그래서 수학 공부를 할 때 기본 문제 풀이에 더 많은 시간을 투자해 해결방안의 경험을 쌓는 것이 중요하다. 일반적으로 기본 문제와 심화 문제 풀이의 비율을 2:1 정도로 하면 수학 공부에 효과적이다.

대개 심화 문제나 창의력 문제들은 기본개념과 문제의 복합체다. 해결을 위한 실마리가 기본개념이나 기본 문제 풀이의 경험으로부터 나온다. 그래서 기본 문제 풀이를 단순하게 풀이하는 것이 아니라 문제 속에 있는 핵심을 찾는 연습을 해야 한다. 해결방안의 경험이 쌓여 복합적인 심화 문제에 실마리를 찾을 수 있기 때문이다.

학교현장에서는 학생들이 손을 댈 수 없을 정도로 어려운 심화 문제를 '킬러 문제'라고 한다. 소위 말하는 킬러 문제는 여러

개의 기본개념을 이해하고 활용해야할 뿐만 아니라 핵심이 되는 아이디어까지 찾아야 해결할 수 있기 때문에 어렵다. 이런 문제는 해결방안의 실마리를 찾기도 어렵지만 풀이하는 데도 많은 시간이 걸린다.

해결방안을 계획하고 풀이 방향을 잡아라

그럼 어떻게 해야 심화 문제를 잘 해결할 수 있을까? 대부분 학생은 문제 풀이를 많이 하면 가능하다고 한다. 기본개념을 이해하고 활용하는 것은 많은 문제 풀이를 통해 향상될 수 있지만, 핵심이 되는 실마리를 찾는 것은 문제 풀이의 양에 항상 비례하는 것이 아니다.

오히려 문제를 어떻게 풀이하느냐에 따라 향상될 수 있다. 가장 바람직한 것은 문제가 주어지면 바로 풀이하는 것이 아니라 해결방안을 계획해보는 것이다. 심화 문제일수록 해결방안을 계획하지 않고, 바로 풀이하면 잘못된 방향으로 가는 경우가 많다.

해결의 실마리를 잘못 찾고, 방향을 잘못 잡으면 문제를 풀이하는 의미가 없다. 시간만 낭비해 다른 문제 풀이에 영향을 줄 뿐이다.

평가에서 심화 문제에만 매달려 풀이하는 데 많은 시간을 보내는 학생들은 풀 수 있을 것이라는 생각으로 문제에 접근한다. 그러나 풀이하는 과정에서 해결방안이 잘못되었다는 것을 알게 된다. 많은 시간을 낭비한 후 결국 당황하게 되고, 다른 문제 풀이에도 영향을 준다. 턱없이 부족한 시간으로 기본 문제조차 확인하지 못하거나 풀이하지 못하는 경우도 생긴다. 이러면 평가에서 좋은 결과를 기대하기는 어렵다. 말도 안 되는 상황 같지만 학교 현장에서 일어나는 일이다.

기본 문제와 심화 문제는 2:1비율로

공부할 때부터 기본 문제와 심화 문제를 구분하고, 적당한 비율로 하는 습관이 필요하다. 기본 문제와 심화 문제는 남이 아닌 자신의 수준에서 구분해야 한다. 기본 문제라 할지라도 정확하게 이해하고 풀이한 문제가 아니라면 나에게는 심화 문제인 것이다.

또한 어떤 문제든 해결방안을 계획하고 풀이하는 연습은 반드시 필요하다. 처음에는 해결방안을 계획하는 것이 어렵다면 기본 문제 풀이에서 연습을 해본다. 해결의 실마리를 찾는 것이 문제해결의 핵심이기 때문이다. 그 후에 심화 문제나 창의력 문제에서도 해결방안을 찾아보면서 익숙해지려고 노력해야 한다.

다시 한 번 강조하지만, 기본적인 문제 풀이가 완성되지 않은 상태에서 수학 공부 비중을 심화 문제 풀이에 둬서는 안된다. 운이 좋아 해결방안을 찾아냈다고 하더라도 다른 유형의 문제에서도 적절한 해결방안을 찾아낼 수 있다는 보장은 없다.

개념과 기본 문제 풀이가 우선이 되고, 어느 정도의 활용연습이 된 후에 심화 문제나 융합형 문제와 창의력 문제에 도전해보는 것이 좋다. 기본 문제와 심화 문제는 2:1 비율로 풀이하고, 핵심적인 개념 및 아이디어 등을 정리해 자신의 것으로 만들어보자. 꾸준히 연습한다면 심화 문제나 창의력 문제도 더 이상 킬러 문제가 아닐 것이다.

유형별로 정리하고
패턴별로 풀이하자

문제 풀이는 나의 이해력과 수준을 파악하는 바로미터다. 때문에 문제를 풀고 난 뒤 정리가 꼭 필요하다. 문제는 오답 노트를 활용해서 유형별로 정리하고, 패턴별로 풀이하는 것이 효과적이다.

문제 풀이시 유형별로 정리하고 풀이해 최대한 관련성을 높이면 수학 공부에 더 효과적이다. 또한 공부한 내용을 자신의 형식이나 방법으로 정리하면 개념 이해뿐만 아니라 문제해결능력에 큰 도움이 된다는 것을 기억하자.

문제 풀이로만 끝내지 말자. 문제들을 유형별로 정리해보고, 패턴별로 풀이 과정을 정리해보자. 유형별로 정리된 자료들은 여러분들이 새로운 유형의 문제를 풀이할 때 해결방안을 찾을 수 있는 지침서와 같은 역할을 할 것이다.

교과서와 문제집에는 수많은 수학 문제가 나와 있다. 시험을 준비하며 그 문제들을 모두 풀기에는 시간이 부족하고, 어려운 문제들도 많다. 모두 풀이한다고 해도 시험에 나올지, 자신의 해결력이 향상되었는지 의문이다. 대부분 중고등학생이 시험을 준비하면서 느끼는 생각들이다.

문제를 어떻게 풀어야 해결력이 향상될까?

학생들에게 수학 공부에서 가장 중점을 둬야 할 것은 효율성이다. 효율성이란 들인 노력과 결과의 비율을 말하는데, 공부에서의 효율성은 시간이나 방법과 관련이 있다.

　같은 시간을 투자해 수학 공부를 했지만 결과는 다를 수 있다. 또한 같은 곳에서 함께 공부했지만 공부 방법에 따라 결과가 전혀 다를 수 있다. 결과가 다른 것이 단순하게 능력의 차이만은 아니다. 실제로 학교에서 학생들을 가르치다보면 수학 공부에서 이해력과 의지도 중요하지만 공부 과정에서 시간과 방법의 효율성도 절대적인 영향력이 있다는 것을 알게 된다.

　특히 수학을 공부할 때 많은 학생이 문제를 풀이하는 것만으로 해결력이 향상될 것이라 생각한다. 즉 수학 문제 풀이가 공부의 모든 것이라 생각한다. 그러나 수학 문제 풀이는 현재 나의 이해력과 해결력 수준을 파악하는 바로미터일 뿐이다. 이 바로미터로부터 나온 것을 어떻게 받아들이고, 어떤 방법으로 공부를 하느냐에 따라 해결력이 향상될 수도 있고, 별로 의미가 없을 수도 있다. 그렇기 때문에 문제 풀이를 어떤 방식으로 할 것인가는 정말 중요하다.

대개 학생들은 문제 풀이를 단원별 또는 학년별로 풀이한다. 이해력이 좋은 학생이라면 어떤 방식으로 풀이하든 큰 차이는 없다. 그러나 해결능력이 부족한 학생일수록 개념과 문제 풀이 과정에서 관련성을 높여야 한다.

개념과 문제 풀이 과정에서 관련성을 높이기 위해서는 단원별·학년별보다는 문제를 유형별로 정리하고 패턴별로 풀이하는 것이 좋다. 단원별·학년별 문제 풀이보다는 유형별로 모아서 문제 풀이를 하고나서 부족한 부분을 패턴별로 정리하는 것이 관련성을 연결해 공부하기에 좋기 때문이다. 그래서 최대한 하나의 개념과 유형별·패턴별 문제를 다루면서 집중하는 공부 방법이 더 효율적이다.

이러한 방법은 해결능력이 부족한 학생들에게만 효율적인 것이 아니다. 성취도가 높은 학생들에게도 개념과 문제의 관련성을 최대한 확보할 수 있어, 개념을 더 명확하게 정리해 문제를 풀이하는 데 도움이 된다. 실제로 학교 수업에서 교과서의 내용을 바탕으로 개념과 문제 풀이를 유형별로 설명하고 패턴별로 정리하도록 지도해보았다.

학생들은 개념을 정리하고 이해하는 데 많은 도움이 된다고 말했다. 또한 개념의 정리를 통해 문제를 기본부터 심화까지 풀이하면서 유형별로 정리한 것들을 활용했다. 문제 풀이 후에는 오답정리 등 자신의 방법으로 패턴별로 정리하면서 전체적인 개념을 더 단단히 해나가는 것을 관찰했다.

사례로 배워보자

문제를 유형별·패턴별로 풀이하고 정리하는 방법을 더 구체적으로 설명하면 다음과 같다.

중학교 2학년 연립방정식 활용단원을 생각해보자. 방정식 활용은 학생들이 귀찮아하고 싫어하는 단원이다. 활용 문제는 수학지식과 이해를 통해 문장이나 도형으로 이루어진 문제에서 식을 세워야만 해결할 수 있기 때문이다. 단순한 방정식 풀이와는 다르다.

방정식 활용 문제는 기본적인 지식과 개념의 이해뿐만 아니라 문제를 패턴별로 풀이한 경험을 통해 정확하게 해결할 수 있는 문제다. 그렇기 때문에 문제 풀이부터 유형별로 정리하고 패턴별로 풀이해 해결력을 향상시키는 것이 필요하다.

연립방정식 유형별 정리

각 단원의 개념과 문제들을 유형별로 나눠 정리한다.

유형	기본 지식 및 개념	주의 사항
속력	$(속력) = \dfrac{(거리)}{(시간)}$, $(시간) = \dfrac{(거리)}{(속력)}$, $(거리) = (속력) \times (시간)$	속력 문제는 단위에 주의해야 한다. 초속의 단위는 $m/(초)$다. 분속의 단위는 $m/(분)$다. 시속의 단위는 $km/(시)$다.
농도	$(농도) = \dfrac{(용질)}{(용액)} \times 100$ 용질은 다른 물질에 녹는 물질, 용매는 다른 물질을 녹이는 물질인데, 용질과 용매를 합해 용액이라 한다. 소금물인 경우에 용질은 소금, 용매는 물, 용액은 소금물이 된다.	소금물일 때, $\left(\begin{array}{c}소금물의\\농도\end{array}\right) = \dfrac{(소금의 양)}{(소금물의 양)} \times 100$ 이고, $\left(\begin{array}{c}소금의\\양\end{array}\right) = \left(\begin{array}{c}소금물의\\양\end{array}\right) \times \dfrac{(농도)}{(100)}$ 다. ➡ 농도의 정의와 소금의 양을 이용해 방정식을 세울 수 있다.
개수	실생활 속에서 물건을 사고팔면서 일어나는 상황을 파악하고, 개수와 가격의 변화를 확인한다.	여러 가지 문제를 풀이해 해결력이 부족한 문제들을 유형별로 정리한다.
원가 정가	원가 : 최초에 물건을 만들기 위해 필요한 재료값과 인건비 정가 : 원가에 어느 정도 이익률을 붙여 정한 값 판매가 : 실제로 손님들에게 판매하는 가격 이익금 : 판매된 가격에서 원가를 뺀 금액	원가를 α, 이익률을 $r\%$ 라 하면 $(정가) = \alpha\left(1 + \dfrac{r}{100}\right)$이고, 할인율을 $y\%$ 라 하면 $(판매가) = P\left(1 - \dfrac{y}{100}\right)$ $(이익금) = (판매가) - (원가)$ $(이익금) = \alpha\left(1 + \dfrac{r}{100}\right)\left(1 - \dfrac{y}{100}\right) - \alpha$

도형 관련	평면도형과 입체도형의 기본적인 넓이, 겉넓이, 부피 등을 구할 수 있다. 다양한 유형의 문제들이 다뤄질 수 있으므로 전반적인 도형의 개념과 이해가 우선이 되어야 한다.	주어진 도형의 개념을 이해하고, 미지수를 결정해 식을 세운다. 도형의 개념을 계산식으로 바꿀 때 조건들도 반드시 생각한다.
기타	자신이 풀이한 다양한 문제들 중 개념 이해가 어렵거나 틀린 것은 같은 유형으로 분류하고, 각각의 유형에서 필요한 지식과 개념을 정리한다.	

문제 유형에 대한 기본지식과 개념, 자신만의 유의사항이 정리되었다면 이제 각각의 문제를 패턴별로 정리해보자. 기본 문제를 시작으로 조건이나 상황들이 추가되는 심화 문제, 창의력 문제까지 정리한다. 풀이하면서 부족했던 문제들을 패턴별로 정리해 모든 것은 자신에게 필요한 정보 및 문제들로 구성하면 더욱 좋다.

문제를 패턴별로 정리해놓는 것만으로도 충분히 자신만을 위한 정리 노트가 된다. 이미 알고 있던 내용이더라도 핵심적인 개념이나 유의사항을 덧붙여서 정리해놓으면 더 효과적이다. 다음 페이지의 표는 자신이 풀이한 문제 중 하나의 개념을 패턴별로 정리한 것이다.

연립방정식 활용 문제 패턴별 정리

각각의 유형에 대해 패턴별 문제 풀이를 한다.

유형	속력	풀이
기본 개념	$(속력) = \dfrac{(거리)}{(시간)}, \quad (시간) = \dfrac{(거리)}{(속력)},$ $(거리) = (속력) \times (시간)$	속력 문제는 단위에 주의해야 한다. 초속의 단위는 $m/(초)$다. 분속의 단위는 $m/(분)$다. 시속의 단위는 $km/(시)$다.
기본 문제	현정이네 집 근처의 산책로의 길이는 9km다. 시속 6km로 $a$km지점까지 걷고, 남은 거리 $b$km는 시속 4km로 걸었더니 2시간이 걸렸다. 이때 a, b의 값을 구하라.	**문제파악** 2시간 걸림, $(시간) = \dfrac{(거리)}{(속력)}$ $\begin{cases} a + b = 9 \\ \dfrac{a}{6} + \dfrac{b}{4} = 2 \end{cases}$ 연립방정식을 풀이하면 $a = 3, b = 6$ ∴ 시속 6km로 3km, 시속 4km로 　6km 걸어감
변형 문제	둘레의 길이가 2.4km인 호수를 A와 B 두 사람이 같은 장소에서 동시에 출발해 서로 반대 방향으로 돌면 15분 후에 처음으로 다시 만나고, 서로 같은 방향으로 돌면 40분 후에 처음으로 다시 만난다고 한다. 두 사람의 속력을 각각 구하라. (단, A의 속력이 B의 속력보다 빠르다.) **핵심** 이 문제에서는 두 명의 사람이 같은 방향으로, 반대방향으로 걸어가서 다시 만나는 경우를 고려해야 한다.	단위를 모두 분속으로 맞춰준다. 호수의 길이는 2.4km = 2400m $(거리) = (속력) \times (시간)$ A의 속력 : x m/(분), B의 속력 : y m/(분) $(x > y)$ 반대방향으로 돌면 두 사람이 걸어간 거리의 합이 호수 한 바퀴가 된다. 같은 방향으로 돌면 두 사람의 걸어간 거리의 차가 호수 한 바퀴가 된다. $\begin{cases} 15x + 15y = 2400 \cdots ① \\ 40x - 40y = 2400 \cdots ② \end{cases}$ 　　① × 8 + ② × 3

변형 문제	같은 방향으로 출발하면 빠른 사람이 늦은 사람을 한 바퀴 추월해야 하고, 반대방향으로 출발하면 두 사람이 걸어간 거리가 한 바퀴가 되어야 한다. **핵심 키워드** 같은 방향, 반대 방향	$\begin{cases} 120x + 120y = 19200 \\ 120x - 120y = 7200 \end{cases}$ 연립방정식을 풀이하면 $240x = 26400$ $x = 110, \ y = 50$ ∴ A는 분속 110m, B는 분속 50m

---

직접 풀이해보세요

심화 문제

성현이는 900m 길이의 원 모양의 공원 산책로를 분속 60m의 속력으로 A지점에서 출발하여 걷기 시작했다. 2분 후 민정이는 성현이와 같은 A지점에서 출발해 같은 방향으로 분속 400m의 속력으로 자전거를 타고 가면서 B지점에서 성현이와 만났다. 민정이는 한 바퀴 돌아 A지점에 도착한 후 반대방향으로 자전거를 타고 가면서 성현이와 C지점에서 만났다.

민정이가 A출발 → B지점 → A지점 → C지점에 이를 때까지 걸리는 시간은 $\dfrac{b}{a}$분이다.

$b - a$의 값을 구하면? (단, a, b는 서로 소, 방향 전환 시 속도는 유지된다.)

풀이 과정

심화 문제 풀이 과정

이 문제는 위의 변형문제와 유사하지만 방정식과 함수단원까지 포함한 복합형 심화 문제다. 성현이보다 2분 늦게 출발한 민정이가 A지점에서 출발해 B지점에서 성현이를 만나고, A지점까지 간 후에 다시 되돌아와 C지점에서 성현이를 다시 만난다. 민정이가 A출발 → B지점 → A지점 → C지점에 이를 때까지 걸린 시간을 구하는 문제이므로 민정이가 성현이와 처음으로 만난 B지점의 정보는 필요 없다. 민정이가 걸린 시간이 필요하므로 민정이가 한 바퀴 돈 시간과 되돌아와 성현이를 다시 만난 시간이 필요하다. 이를 우선 그림으로 디자인하면 다음과 같다.

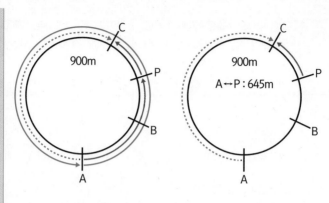

1단계 : 민정이가 길이가 900m인 원모양의 호수를 분속 400m로 갈 때 걸린 시간을 구한다.

(시간) $= \dfrac{(거리)}{(속력)}$ 이므로 $\dfrac{900}{400} = \dfrac{9}{4}$ (분)

2단계 : 민정이가 한 바퀴 돌 때 2분 빨리 간 성현이가 간 거리 P를 구한다.

(거리) $=$ (속력) $\times$ (시간)이므로 $60(\dfrac{9}{4} + 2) = 60 \times \dfrac{17}{4} = 255$ (m)

3단계 : 이제 두 번째 그림처럼 남은 거리 $900 - 255 = 645$를 민정이는 A지점에서 성현이는 P지점에서 마주보고 만날 때 걸린 시간 x(분)을 구한다.

$400x + 60x = 645$

$x = \dfrac{645}{460} = \dfrac{129}{92}$ (분)

4단계 : 마지막으로 민정이가 걸린 총시간을 구한다.

(한 바퀴 걸린 시간) $+$ (되돌아와 성현이를 만난 시간)이므로

$\dfrac{9}{4} + \dfrac{129}{92} = \dfrac{336}{92} = \dfrac{84}{23} = \dfrac{b}{a}$

$\therefore b - a = 84 - 23 = 61$

정답 : 61

스스로 반문하고
개념을 이해하자

수학 개념을 공부할 때 '진짜 그런가?'라고 스스로 반문해 이유를 찾아보면 개념을 이해하는 데 도움이 된다. 또 문제 풀이시 개념들이 파노라마처럼 펼쳐지고, 친구에게 설명까지 가능하면 정확하게 이해한 것이다.

개념 이해는 수학 공부의 시작이자 핵심이다. 때문에 많은 생각을 통해 개념을 철저하게 이해하는 것이 필요하다. '진짜 그런가?' 스스로에게 질문해보면서 개념을 공부하면 개념을 이해하는 데 도움이 될 뿐만 아니라 문제해결력 향상에도 도움이 된다.

하브루타는 유대인들이 성경을 공부하는 방법으로 서로 짝이 되어 질문하고, 답변하면서 성경 구절을 암기하고 이해하는 데 도움이 되는 학습법이다. 큰 소리로 자신의 생각을 상대방에게 질문하고, 답변하는 것을 보면 소란스러울 정도로까지 느껴질 정도다.

'진짜 그런가?' 자신에게 묻는 것이 중요하다

하브루타는 개념을 이해하고 정리하는 데 많은 도움이 되는 학습법이다. 특히 2명이 짝이 되어 자신의 생각을 설명하고, 질문하는 과정에서 개념을 정확하게 이해할 수 있다. '왜 그런가? 진짜 그런가?' 하는 생각으로부터 개념을 더 철저하게 정리할 수 있고, 깊이 있게 이해할 수 있다.

수학 공부에서도 많은 개념을 배우게 된다. 개념들을 어떤 방식으로 어떻게 공부하느냐에 따라 이해도가 달라진다. 개념에 대한 이해도는 문제 풀이 과정에서 결과로 반영되기 때문에 중요하다.

그런데 많은 학생이 개념을 공식처럼 암기하고, 문제 풀이를 통해 암기한 개념을 활용해보는 식으로 공부하는 것이 일반적이다. 시험을 준비하면서도 똑같은 방법으로 공부한다. 결과가 좋으면 자신의 공부 방법에 스스로 만족한다. 그렇지 않으면 문제 풀이가 부족하다고 판단해 더 많은 문제를 풀이하는 데 시간을 보낸다.

정말 문제 풀이가 부족해서 좋은 성적을 거두지 못하는 것일까? 아니다. 대개는 문제 풀이가 부족한 것이 아니라 개념 이해가 문제다. 학생들은 수학 개념을 이해하는 방법부터 잘못된 경우가 많다. 개념을 공부하고 받아들일 때 문제 풀이를 위한 간단한 도구 정도로만 생각한다. 즉 개념을 공식으로만 생각한다.

하지만 공식으로 외운 개념은 단순한 문제 풀이에 사용될 뿐, 복합적이고 융합적인 문제 풀이에는 많은 도움이 되지 않는다. 그래서 수학 개념을 공부하는 단계부터 '진짜 그런가?' 스스로 질문하면서 개념을 하나하나 확인해보는 것이 필요하다.

또한 자신이 정확하게 개념을 이해했는지를 확인해보기 위해서 친구들에게 설명해보는 것도 좋은 방법이다. 대부분의 학생은 수학 개념을 확인하고 문제에 적용해보면서 자신이 정확하게 이해했다고 생각한다. 그것도 아주 짧은 시간에 개념을 확인한 것으로도 충분하다고 생각한다. 그러나 기본개념이라 할지라도 '진짜 그런가' 스스로 반문해보면 개념 안에서도 많은 것을 얻을 수 있다.

특히 글이나 문장으로 된 활용 문제나 도형 문제에서는 스스로 반문하면서 익힌 수학 개념이 위력적이라는 것을 알게 될 것이다. 문제를 이해하고 해결을 위해서 스스로 반문해 익힌 수학 개념은 다양한 생각으로 확장될 수 있고, 문제의 핵심을 찾는 데 도움이 된다.

| 수학 개념 | ▶ | '진짜 그런가?' | ▶ | 스스로 반문해 개념 익히기 | ▶ | 개념 확장 |

사례로 배워보자

예를 들어 중학교 2학년 도형단원에서 내심과 외심의 개념을 익힐 때 스스로 반문해 '익히기 단계'를 확인해보자.

1단계 : 정확한 용어 알기

삼각형의 오심 중 내심과 외심의 정의와 존재성에 대해 알아보자.

- 내심 : 세 내각의 이등분선의 교점이고, 내접원의 중심.
- 외심 : 세 변의 수직이등분선의 교점이고, 외접원의 중심.

2단계 : 삼각형의 내심과 외심의 작도와 존재성

삼각형에서 왜 항상 내심과 외심이 존재하는지를 확인하기 위해 스스로 반문하고 그 이유에 대해 고민해본다. 스스로 고민해보면서 그 이유까지 설명할 수 있다면 내심과 외심의 성질도 자연스럽게 이해할 수 있다. 내심과 외심이 항상 존재한다는 것을 논리적으로 설명하기 위해, 우선 컴퍼스와 자를 이용해 작도부터 해본다.

내심 작도 → 논리적 설명	외심 작도 → 논리적 설명

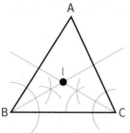

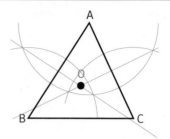

삼각형에서 이웃하는 두 각의 크기의 합은 180°보다 작다. 그림과 같이 두 각의 이등분선의 교점을 I라 하자. 그럼 나머지 한 각 A의 이등분선이 I를 지날까? 우선 작도를 해서 정말 만나는지를 확인해보고, 그 이유를 논리적으로 설명하는 것이 필요하다.

삼각형에서 이웃하는 두 변은 일직선이 아니다. 그림과 같이 두 변의 수직이등분선의 교점을 O라 하자. 그럼 나머지 한 변의 수직이등분선도 O를 지날까? 우선 작도를 해서 정말 만나는지를 확인해보고, 그 이유를 논리적으로 설명하는 것이 필요하다.

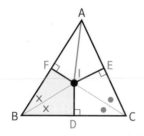

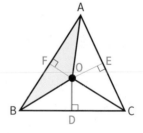

논리적 설명

∠B, ∠C의 이등분선의 교점을 I라 하고, I에서 세 변에 내린 수선을 $\overline{ID}$, $\overline{IE}$, $\overline{IF}$ 라 하면

△IBD ≡ △IBF (RHA합동) 이므로

$\overline{ID} = \overline{IF}$ ⋯ ①

논리적 설명

$\overline{AB}$와 $\overline{AC}$의 수직이등분선의 교점 O에서 $\overline{BC}$에 수선의 발을 내려 D라 하자.

△OBF = △OAF (SAS합동) 이므로

$\overline{AO} = \overline{BO}$ ⋯ ①

마찬가지로	마찬가지로
$\triangle ICD \equiv \triangle ICE$ (RHA합동) 이므로	$\triangle OAE \equiv \triangle OCE$ (SAS합동) 이므로
$\overline{ID} = \overline{IE} \cdots ②$	$\overline{AO} = \overline{CO} \cdots ②$
①, ②에 의해서 $\overline{ID} = \overline{IE} = \overline{IF} \cdots ③$ 이다.	①, ②에 의해서 $\overline{AO} = \overline{BO} = \overline{CO} \cdots ③$ 이다.
③에 의해서 $\triangle IAF \equiv \triangle IAE$ (RHS합동) 이고, $\angle IAF = IAE$이다.	③에 의해서 $\triangle ODB \equiv \triangle ODC$ (RHS합동) 이고, $\overline{BD} = \overline{CD}$ 이다.
그러므로 $\overline{AI}$ 는 $\angle A$의 이등분선이다.	그러므로 $\overline{OD}$ 는 $\overline{BC}$의 수직이등분선이다.
따라서 I 는 세 내각의 이등분선의 교점이다.	따라서 O 는 세 변의 수직이등분선의 교점이다.

3단계 : 삼각형의 내심과 외심의 성질

다음은 삼각형에서 내심과 외심의 성질을 정리한 것이며, 관련 유형의 문제를 풀기 위한 기본적인 개념들이다. 이 개념들도 하나하나 '왜 그런가, 진짜 그런가' 생각해보면 정확하게 이해할 수 있고, 문제 풀이에도 활용할 수 있다. 또한 개념을 관련성을 통해 더욱 확장해나갈 수 있다.

수업중에 전체적인 개념을 설명한 후, 학생들이 스스로 정확하게 개념을 이해했는지 확인해보라고 했다. 확인하기 위한 첫 번째 단계가 바로 도형을 그리고, 생각나는 개념을 하나씩 정리하는 것이다. 정리를 할 때는 최대한 관련성을 가지고 정리하고, 조금이라도 이해가 되지 않는 부분에 대해서는 노트에 표시를 해놓아야 한다. 자신의 생각한 개념들이 많으면 많을수록 좋다. 학년을 넘어선 것이라도 좋다.

예를 들어 아래의 원주각은 중학교 3학년 단원 중에 원의 성질에서 배우는 개념이다. 그러나 중학교 2학년 외심 단원을 배우면서 중심각과 원주각의 성질을 충분히 이해할 수 있고, 그 이유에 대해서도 생각해볼 수 있다.

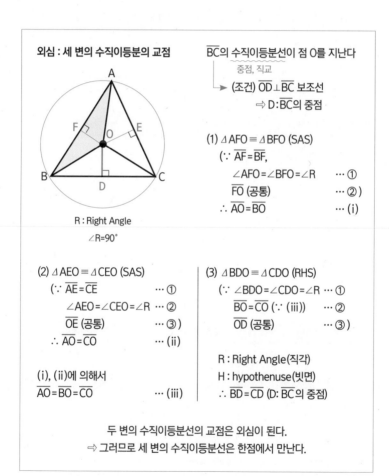

4단계 : 내심과 외심의 확장 및 활용

내심과 외심의 성질을 이해했다면, 문제를 통해 개념을 확인해보고 확장해나가는 것이 필요하다. 예를 들어 삼각형의 종류에 따라 내심과 외심의 위치를 확인해보거나 성질을 확장하는 것이 필요하다. 물론 이 경우도 '진짜 그런가' 확인해보는 것이 중요하다. 또한 삼각형 유형에 따라 추가되거나 변하는 성질도 꼭 확인해야 한다.

내심의 위치

예각삼각형	직각삼각형	둔각삼각형
(내부)	(내부)	(내부)

외심의 위치

예각삼각형	직각삼각형	둔각삼각형
(내부)	(빗변의 중점)	(외부)

구분	이등변삼각형	정삼각형
내심과 외심의 작도 I : 내심 O : 외심		
내심의 위치	∠A의 이등분선 위에 존재	∠A의 이등분선 위에 존재
외심의 위치	$\overline{BC}$의 수직이등분선 위에 존재	$\overline{BC}$의 수직이등분선 위에 존재
확인할 사항	이등변삼각형에서 ∠A의 이등분선과 그 대변 BC의 수직이등분선은 일치한다. 따라서 이등변삼각형의 내심과 외심은 같은 직선 위에 존재한다.	정삼각형에서는 모든 각의 이등분선과 그 대변의 수직이등분선은 항상 일치한다. 따라서 정삼각형의 내심과 외심은 일치한다.

직각삼각형의 내심과 외심의 성질

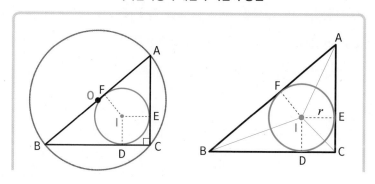

그림에서 △ABC의 외심과 내심을 각각 O, I라 할 때

① $\overline{AB}$: 원 O의 지름 (∵ 지름 AB의 원주각은 ∠ACB = 90°)

② 원 I가 △ABC의 내접원이므로 $\overline{ID} = \overline{IE} = \overline{IF}$ 이다.

③ $\overline{AB} \perp \overline{IF}$, $\overline{BC} \perp \overline{ID}$, $\overline{AC} \perp \overline{IE}$ 이므로 D, E, F는 원 I의 접점이다.

④ $\overline{AF} = \overline{AE}$, $\overline{BF} = \overline{BD}$, $\overline{CD} = \overline{CE}$ ($\overline{AB}, \overline{BC}, \overline{CA}$: 원 I의 접선)

⑤ 사각형 CDIE는 정사각형이다.

⑥ 내접원 I의 반지름을 r이라 할 때 △ABC의 넓이는

$$\frac{1}{2}\,\overline{BC} \times \overline{AC} = \frac{1}{2}\,r\,(\overline{AB} + \overline{BC} + \overline{CA}) \text{이다.}$$

(∵) $\triangle ABC = \triangle IAB + \triangle IBC + \triangle ICA$

$$= \frac{1}{2}\,r\,\overline{AB} + \frac{1}{2}\,r\,\overline{BC} + \frac{1}{2}\,r\,\overline{CA}$$

그러므로 △ABC의 넓이는 $\dfrac{1}{2}\,\overline{BC} \times \overline{AC} = \dfrac{1}{2}\,r\,(\overline{AB} + \overline{BC} + \overline{CA})$ 이다.

삼각형의 외심과 내심의 활용

생활 속에서 삼각형의 외심은 원모양의 문화재를 복원하거나 부서진 원모양 물건의 중심을 찾을 때 사용된다. 예를 들어 원모양의 문화재의 일부가 훼손되어 복원이 필요할 때, 먼저 훼손된 문화재의 중심을 찾고 모양을 복원해야 한다. 이때 삼각형의 외심을 활용해 중심을 찾을 수 있다.

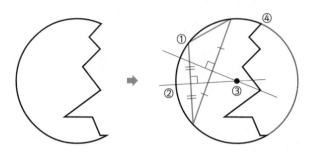

① 일부가 훼손된 원모양의 물건에서, 남아 있는 모양을 이용해 임의의 삼각
  형을 그린다.
② 삼각형을 이용해 두 변의 수직이등분선의 교점을 찾는다. (이것이 원모양의
  물건의 외심이 된다.)
③ 교점을 원의 중심으로 해 원을 그린다.
④ 원모양을 만든 후 모양에 따라 복원한다.

    수학 개념을 좀더 정확하게 이해하려면 스스로 반문하면서 개념을 익히고, 관련 문제를 풀이해봐야 한다. 그리고 수학 개념을 잘 모르는 친구들에게 자신이 이해한 내용을 설명해보자. 만약 친구가 설명을 듣고 이해했다고 말하면 여러분들은 수학 개념을 확실히 이해한 것이다. 또한 다양한 문제를 풀이하면서 파노라마처럼 수학 개념이 펼쳐진다면 정확하게 이해하고 있는 것이다.

    '진짜 그런가?' 자문하고, 자신이 이해한 내용을 설명해보자. 이것이 수학 개념을 이해하기 위한 가장 강력한 공부법이다.

직접 교사가 되어
시험문제를 만들어보자

자신이 선생님이 되어 직접 시험문제를 만들어보는 것은 평가를 위한 최고의 공부법이다. 고민을 통해 만들어진 시험문제는 수학 개념을 정확히 이해하고 그 활용성을 높이는 데 도움을 준다.

학생들은 시험을 대비해 수학 개념을 익히고 문제를 풀이해 자신의 것으로 만드려는 노력을 한다. 그러나 이것만으로는 부족할 때가 있다. 새로운 유형이 시험에 나오면 해결을 위한 실마리를 찾기도 힘들다. 대부분 학생들에게 있을 법한 일이다.

이럴 때 권하는 것이 있다. 직접 교사가 되어 문제를 만들어보는 것이다. 출제자가 되어 문제를 만들어보면 기본개념뿐만 아니라 단원간의 연관성을 잘 파악할 수 있다. 또한 문제를 만들기 위해서는 많은 고민이 따른다. 고민을 통해 얻은 경험은 공부의 깊이와 방향을 결정해준다.

시험 기간이 다가오면 학생들은 시험공부로 바쁘고, 교사들은 시험문제 출제로 바쁘다. 시험문제를 풀어야 하는 학생들과 시험문제를 만들어야 하는 교사들. 너무 예상 가능한 문제만을 만들 수도 없고, 난이도도 조절해야 하니 문제 출제는 교사에게도 결코 쉬운 일이 아니다.

그럼 시험을 봐야 하는 학생들은 어떨까? 시험을 대비해 수학 개념을 익히고, 관련 문제를 풀이한다. 많은 문제집을 풀이하면서 시험을 철저하게 준비한다. 그런데 막상 시험지를 받아보면 당황하는 경우가 더 많다. 처음 풀어보는 문제 유형들이 넘쳐나기 때문이다.

문제가 낯설기 때문에 문제파악부터 오래 걸리고, 풀이도 버겁다. 특히 학년이 올라갈수록 이런 일이 더 많이 발생한다.

시험을 어떻게 준비해야 할까?

열심히 공부하고, 시험을 준비하는데도 문제 풀이가 어려운가? 그렇다면 여러분들이 출제자가 되어보는 것도 좋은 방법이다.

교사는 시험문제를 만들 때, 교육과정의 핵심 성취 기준을 확인하고, 교과서 위주로 출제를 한다. 2~3개 정도는 변별력을 위해 난이도가 높은 문제, 킬러 문제로 만든다. 필요하다면 창의력 문제나 융합형 문제도 출제한다.

많은 학생은 변별력을 위해 만들어진 킬러 문제 풀이에 어려움을 느낀다. 교과서를 바탕으로 만들어진 개념문제인데도 힘들어할 때가 있다.

우선 교과서에 나와 있는 수학 개념을 정리하고 문제를 철저하게 풀이해야 한다. 교과서는 평가를 위한 바로미터다. 기준이 되는 지침서다. 교과서의 개념과 문제 풀이가 해결되었다면 다양한 문제집에서 유형별로 풀이해보는 것이 필요하다.

특히 자신이 어려워했던 유형의 문제들은 집중적으로 풀이하는 것이 좋다. 이런 과정을 걸쳐 수학 개념을 이해하고 문제를 충분히 풀이했다면 정리를 해야 한다. 자신의 부족함을 찾아보고, 채워나가면서 평가 범위 내용을 완전하게 파악해야 한다.

마지막으로 자신이 출제자라고 생각하고, 문제를 만들어본다. 과거의 기출문제가 있다면 그 문제들을 풀이해보고, 유사문제를 만들어본다. 출제자가 되어 문제를 만드는 것 자체가 공부다. 문제를 만들기 위해서는 기본개념은 물론이고, 서로의 관련성과 연관성을 잘 파악하고 있어야 하기 때문이다.

단순하게 함정을 만들어 틀리게 하는 문제가 아니다. 서로 간의 연관성을 파악하고, 번뜩이는 아이디어가 필요한 문제라면 더할 나위 없이 좋다. 시간이 가능하다면 해결방안과 풀이과정도 만들어보자. 자신이 만든 문제를 정리하면서 수학 개념을 단단히 할 수 있고, 새로운 생각을 찾아낼 수 있다.

시간이 많이 걸릴지는 몰라도 출제자가 되어 문제를 만드는 것만으로 공부의 의미를 부여할 수 있다. 또한 자신이 만든 문제를 친구들에게 풀이해보라고 권유해보자. 친구가 풀이하는 데 어려움이 있다면 직접 설명해보자.

문제를 만들고, 설명까지 해본다면 평가를 위한 최고의 공부법이다. 처음에는 개념을 이해하고 문제 풀이를 통해 문제를 직접 만들어보는 것이 어려울 것이다. 그러나 '개념 이해, 문제 풀이, 문제 만들기, 이해하기'를 하나의 연결고리로 생각하고 실천해나간다면 점점 익숙해질 것이다. 시간이 많이 걸리더라도 각 단원을 철저하게 이해하는 데 큰 도움이 된다는 것을 깨닫게 된다.

또한 이런 방법을 통해 공부해나가면 과정 하나하나가 자신의 노트에 흔적으로 고스란히 남을 것이다. 이것은 평가에서 좋은 성적을 얻기 위한 최고의 노트가 된다. 노트 속의 내용들은 시험에서 무엇이 중요한지를 알려주고, 공부를 어떻게 해야 하는지를 안내해준다.

직접 만들어본 문제는 시험을 대비한 최적의 승부수가 될 수 있다. 유사문제가 나오든 안 나오든 상관없다. 이미 문제를 만들어보고 스스로 풀어봄으로써 시험상황을 대비하는 훈련을 해봤기 때문이다. 이런 공부법이 익숙해지고, 좀더 확장해나간다면 더욱 의미가 생길 것이다.

이것이 자신만의 최강의 공부법이다. 어떤 과목, 어떤 내용을 공부하든 활용될 수 있는 공부법이다. 공부란 고민한 만큼 향상된다. 출제자가 되어 문제를 내본 경험은 많은 고민이 따른다. 그 고민은 100개의 문제를 풀어본 것보다 더 크고, 공부의 방향을 이끌어준다.

사례로 배워보자

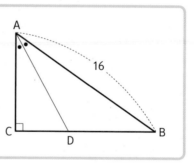

문제 ◆ 빗변의 길이가 16인 직각삼각형 ABC에서 ∠A의 이등분선과 $\overline{BC}$의 교점을 D라고 하자. $\overline{AB} = 16$이고 △ABD의 넓이가 36일 때 $\overline{CD}$의 길이를 구하라.

이 문제는 중학교 2학년 교과서에 나오는 직각삼각형의 합동 단원과 관련된 문제다. 교과서 문제라서 쉽게 풀릴 것이라 생각하지만 해결방안을 찾지 못하는 학생들이 많았다.

이런 학생들에게 다음과 같이 보조선 하나를 그려주면 바로 해결방안을 찾아낸다. 즉 두 직각삼각형 ACD, AED가 합동임을 알고, 대응하는 변인 $\overline{CD} = \overline{ED}$임을 알게 된다. 그럼 이 문제는 쉽게 해결할 수 있다.

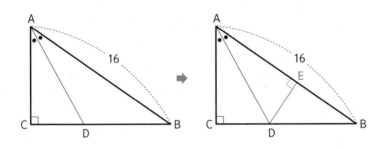

풀이 $\triangle ACD = AED(RHA)$이므로 $\overline{CD} = \overline{ED}$이다.

$\triangle ABD$의 넓이가 36이므로 $\triangle ABD = \dfrac{1}{2}\,\overline{AB} \times \overline{ED} = 36$

$\therefore \overline{ED} = \dfrac{36}{8} = \dfrac{9}{2}$

따라서 $\overline{CD} = \overline{ED} = \dfrac{9}{2}$

교과서 문제를 바탕으로 좀더 심화유형이 되도록 한 단계만 더 확장하고, 삼각형의 넓이를 문자로 표현하는 유형으로 바꾸는 순간, 난이도는 향상된다. 더구나 많이 볼 수 있는 패턴의 문제가 아니라면 매우 어렵게 느낄 수 있다. 이 문제는 중학교 2학년 시험문제로 출제되었고, 학생들은 어떻게 풀어야 할지 해결방안을 찾기가 어렵다고 했다.

문제 ◆ 빗변의 길이가 16인 직각삼각형 ABC에서 ∠A의 이등분선과 $\overline{BC}$의 교점을 D라 하고, ∠ADC의 이등분선과 $\overline{AC}$의 교점을 E라 할 때, 다음 물음에 답하라.

(단, $\overline{BH}$=h고 △ADB, △ADE의 넓이는 각각 36, s다.)

(1) $\overline{CD}$, $\overline{CE}$의 길이를 구하라.

(2) △DCE의 넓이를 구하라.

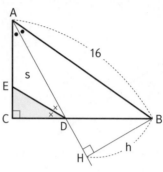

이 문제의 해결방안을 그림으로 나타내면 다음과 같다. 우선 그림을 보고 위의 문제를 풀이해보자.

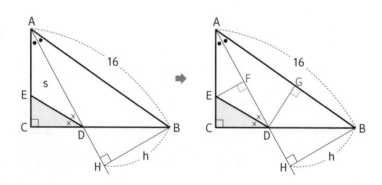

풀이 좀더 구체적으로 설명하면, 점 D, E에서 2 대변에 수선의 발을 내려 각각 G, F라 하자.

$\triangle ADG \equiv \triangle ADC$(RHA)이므로 $\overline{CD} = \overline{GD}$이다.

$$\triangle ADB = \frac{1}{2}\,\overline{AB} \cdot \overline{GD} = \frac{1}{2}\,\overline{AD} \cdot h = 36 \quad \cdots (1)$$

$$\overline{CD} = \overline{GD} = \frac{36}{8} = \frac{9}{2}$$

$\triangle DEC \equiv \triangle DEF$(RHA)이므로 $\overline{CE} = \overline{EF}$이다.

$$\triangle ADE = \frac{1}{2}\,\overline{AD} \cdot \overline{EF} = s$$

(1)에서 $\overline{AD} = \dfrac{72}{h}$ $\quad \therefore \overline{CE} = \overline{EF} = \dfrac{2s}{\overline{AD}} = 2s \times \dfrac{h}{72} = \dfrac{sh}{36}$

따라서 $\triangle DCE = \dfrac{1}{2}\,\overline{CD} \cdot \overline{EC} = \dfrac{1}{2} \times \dfrac{9}{2} \times \dfrac{sh}{36} = \dfrac{sh}{16}$

가르치는 것이
최고의 공부다

가르치는 것이 최고의 배움이자 공부다. 스스로 공부하는 것보다 더 효과적이다. 자신이 교사가 되어 친구에게 설명해봤던 경험은 정확한 개념 이해는 물론이고 문제를 파악하고 해결하는 데도 큰 도움을 준다.

가르치는 것이 최고의 공부다. 수학 개념이나 문제를 이해한다는 것은 무엇일까? 단순하게 개념을 알고, 간단한 유형의 문제를 풀었다고 정확하게 개념을 이해한 것일까? 자신이 공부한 수학 개념이나 해결한 문제를 머릿속에 담아두고, 필요할 때마다 머릿속에 담아둔 개념이나 문제해결능력을 꺼내 활용할 수 있다면 제대로 이해한 것이다.

또한 잘 이해하지 못하고 있는 친구에게 수학 개념이나 문제를 설명했을 때, 친구가 잘 이해했다고 말하면 정확히 이해한 것이다. 스스로 공부해 이해한 것을 친구에게 설명하는 것이야말로 최강의 수학 공부법이다.

뛰어난 운동선수가 전략을 세우고 가르치는 감독으로 성공할 확률은 극히 적다. 자신이 알고 있는 것과 다른 사람에게 자신의 생각을 정확하게 전달하는 것은 다르기 때문이다. 그러나 최고의 명장들은 선수와 감독으로서 모두 성공을 이루기도 한다.

영국 스코틀랜드 출신인 알렉스 퍼거슨Alex Ferguson은 선수뿐만 아니라 감독으로서도 위대한 성공을 이룬 대표적인 축구선수다. 1986년부터 26년간 영국 최고의 클럽인 맨체스터 유나이티드의 감독을 맡아 각종 대회에서 38회 우승했다. 경(sir)이라는 칭호를 받아 알렉스 퍼거슨 경으로 불리고 있다. 그의 위대함은 선수시절부터 동료들과 함께 소통하면서 경청하고 관찰하는 습관으로부터 만들어졌다.

누군가의 말을 듣는 것은 공짜로 얻을 수 있는 것 중에 최고로 가치 있는 것이고, 한걸음 떨어져서 관찰하는 것은 큰 그림을 그리는 데 도움이 된다. 아마 그의 이런 생각들이 전체를 통괄하는 감독으로서 성공의 발판을 마련해줬을 것이다. 선수 시절 경청과 관찰의 습관은 감독이 되어서도 이어졌고, 선수들에게 전술을 설명하면서 스스로도 많은 것을 배우게 되었다. 오히려 선수 때보다 감독으로서 더 많은 것을 배우고 얻었을 것이다.

친구에게 설명해보자

공부도 마찬가지다. 우선 배운 내용을 정리해 자신의 것으로 만들려는 노력을 해야 한다. 문제 풀이를 통해 자신이 익힌 내용을 파악해봐야 한다. 그리고 마지막으로 자신이 이해하고 풀이한 내용을 친구에게 설명해보는 것이다.

누군가에게 자신이 알고 있는 것을 설명하려면 완전하게 이해하고 있어야 한다. 자신이 이해하지 못했는데, 누군가를 이해시키는 것은 불가능하다. 완전하게 이해하고 있을 때, 다른 이에게 이해할 수 있도록 설명을 할 수 있다. 그래서 가르치는 것이 최고의 공부인 것이다.

수업시간에 학생들은 복습과 정리를 위해 교사가 설명한 내용을 들으면서 노트에 정리한다. 정리한 내용을 이해하지 못하면 교사나 친구에게 질문을 한다. 자신이 질문을 했을 때, 눈높이에 맞춰 설명해주면 이해하기 쉽다고 생각한다.

또한 친구에게 질문을 받았을 때 답뿐만 아니라 풀이까지 설명하면 자신이 알고 있는 개념이나 문제를 더 확실하게 이해할 수 있다.

가르치는 것이 최고의 배움이다

실제로 교사인 나에게 학생들이 질문하면 우선 질문한 학생들의 수준을 파악한다. 그리고 최대한 학생의 눈높이에 맞춰 용어와 개념을 들어 설명하곤 한다.

대부분의 학생은 설명해준 내용을 이해하는데, 그렇지 않은 경우도 있다. 학생이 받아들일 능력이 부족하거나 교사인 내가 완벽하게 학생의 눈높이에 맞춰 설명하지 않을 때다. 이럴 때마다 매번 느끼는 것이지만, 알고 있는 것과 가르치고 설명하는 것은 다르다.

물론 아는 것도 대충 아는 것과 정확하게 아는 것은 큰 차이가 난다. 특히 누군가에게 가르치고 설명하는 것이라면 더 그렇다. 교사인 나도 수업내용을 완전하게 이해하고 있어야, 학생들에게 필요한 내용을 쉽게 설명할 수 있다. 먼저 이해를 해야 전체를 바라보고, 학생의 생각을 파악하면서 적절한 답변과 설명을 할 수 있는 것이다.

친구에게 설명해보면 자신의 이해도를 확인할 수 있고, 부족한 부분을 찾을 수 있다. 처음에는 설명하는 것이 쉽지 않을 수 있다. 처음부터 설명할 것을 염두에 두고 공부하는 것도 결코 쉬운 것은 아니다.

그러나 자신이 공부한 것을 친구에게 설명하는 것만으로도 얻는 것은 충분하다. 스스로 공부하는 것보다 더 효과적이다. 친구에게 설명해주는 것을 통해 중요한 부분이 무엇이고, 어떻게 이해해야 하는지를 확인할 수 있다. 친구들이 모르는 것을 묻는다면 적극적으로 답변을 해줘라. 왜 그런지 이유까지 설명해주도록 하자. 그것만으로 최고의 공부가 된다.

필요하다면 친구에게 질문을 해보자. 설명하면서 질문을 하든, 모르는 것을 질문하든 상관없다. 서로 질문하고 설명하면서 몰랐던 부분을 채울 수 있다. 질문과 설명, 물음과 가르침은 한 세트다. 질문과 설명이 잘 어우러질 때 최고의 효과를 낼 수 있다. 꼭 명심하길 바란다. 가르치는 것이 최고의 배움이다.

문제 풀이는
해결방안 찾기가 핵심이다

문제 풀이의 핵심은 해결방안 찾기다. 해결방안은 정답으로 가는 내비게이션이다. 해결방안만 찾으면 풀이는 내비게이션 안내에 따라 길을 가듯 흐름에 따라 정리하는 것에 불과하다.

문제 풀이에는 방향이 있다. 잘못된 방향으로 풀이하면 오류가 생겨 또다시 풀이해야 한다. 문제를 풀이하는 것에 앞서 문제 풀이의 방향을 잡는 것이 무엇보다 중요하다.

문제 풀이의 올바른 방향을 찾아내는 것을 해결방안이라 한다. 그래서 해결방안을 찾아내는 것이 문제 풀이의 핵심이다. 해결방안을 찾아낸다면 쉽고 편리하게 풀이할 수 있다.

반면에 해결방안을 찾지 못하면 문제의 정답은커녕 시작도 할 수 없다. 그만큼 해결방안을 찾는 것은 정답으로 가는 내비게이션과 같은 것이다.

문제가 주어지면 10초 안에 내가 풀이할 수 있는지 없는지를 판단한다. 풀이할 수 있다고 생각하면 과거에 풀어본 경험에 따라 문제를 해결한다. 또한 무조건 연필을 들고 풀이부터 시작한다. 풀이를 하다가 오류가 생기거나 다음 단계로 넘어가기가 힘들면 또다시 처음으로 돌아온다.

생각하는 것이 더 힘들어지면 문제 풀이를 포기한다. 많은 학생이 수학 문제를 풀이할 때 시도하고 반응하는 모습이다. 문제해결을 위한 전략을 세우기보다는 어떻게든 정답만 찾기 위한 훈련을 했기 때문이다.

문제 속에서 해결방안 찾기

수학 문제는 연필을 들고 풀이하기 전에 어떻게 풀어나갈 것인가에 대한 계획을 먼저 세워야 한다. 어떤 일이든 아무런 계획 없이 시도하면 방향을 제대로 잡을 수 없다. 문제 풀이 전에 해결을 위한 계획과 방향을 먼저 잡아야 한다. 나는 학생들에게 문제해결의 방향을 잡는 것을 해결방안 찾기라고 말한다.

문제가 주어지면 꼼꼼히 읽으면서 자신이 알고 있는 수학적 지식과 경험을 바탕으로 해결방안을 찾는 것이 무엇보다 중요하다. 결국 정답을 찾기 위한 핵심이 해결방안 찾기인 것이다. 문제 속에서 해결방안 찾기를 연습해보면 무작정 연필을 들고 문제 풀이를 하는 것보다는 해결방안을 찾고, 그 계획에 맞춰 풀이 과정을 쓰는 것이 훨씬 효과적이라는 것을 알게 될 것이다.

처음에는 시간이 많이 걸릴지라도, 해결방안 찾기를 통해 문제를 풀이하면 잘 만들어진 지도를 보고 목적지를 향해 가는 것과 같다. 그만큼 정확하게 목적지에 도착할 수 있다. 마치 지도가 통째로 들어가 있는 내비게이션과 같다고 볼 수 있다.

수학 문제가 주어지면 용어와 개념 이해를 통해 무엇을 요구하는 문제인지를 먼저 파악해야 한다. 문제파악이 되어야만 해결을 위한 첫걸음을 내디딜 수 있기 때문이다.

그런데 간단한 유형의 문제라면 기본적인 문제파악만으로도 풀이 과정과 정답을 찾아낼 수도 있다. 하지만 복합적이고 창의적인 문제라면 문제파악이 끝났다고 풀이 과정을 바로 찾아낼 수 있는 것이 아니다.

이런 경우엔 문제파악을 통해 해결방안 찾기가 잘 이뤄져야만 과정에서 정답으로 연결될 수 있다. 그래서 꼼꼼하게 문제를 파악한 후, 해결방안을 한두 줄로 그려 풀이의 흐름을 정리하고 풀이 과정을 쓰는 것이 필요하다.

문제파악 ▶ 해결방안 찾기 ▶ 풀이의 흐름 정리 ▶ 풀이

사례로 배워보자

중학교 수학 문제에서 해결방안 찾기를 통해 풀이의 흐름을 정리하고 풀이 과정을 써내려가는 예들을 정리했다. 다음의 예를 보고, 여러분들도 문제 풀이 전에 해결방안 찾기 내비게이션을 작동시켜보면 더 효율적이라는 것을 알게 될 것이다.

해결방안 찾기를 통해 문제 풀이를 연습하고 숙달되면 정확한 풀이가 될 뿐만 아니라 시간을 효율적으로 활용할 수 있다. 처음에는 해결방안 찾기를 써가면서 풀이 과정의 흐름을 정리해야 하지만, 익숙해지면 머릿속으로도 정리해 바로 풀이 과정으로 들어갈 수 있다.

또한 같은 유형의 문제라면 모든 문제의 풀이 과정을 쓸 필요 없이, 해결방안만 기록해도 된다. 이미 해결방안 속에 풀이의 흐름이 정리되었기 때문에 반드시 풀이 과정을 쓸 필요가 없는 것이다. 물론 숙달이 되기 전까지는 해결방안을 찾고, 풀이 과정의 흐름을 정리해 직접 풀이 과정까지 쓰는 것이 꼭 필요하다. 방향과 흐름을 알고 있다고 풀이 과정에 오류가 생기지 말라는 법은 없기 때문이다.

해결방안 찾기가 제대로 작동하려면 꾸준한 연습이 있어야 한다는 것을 반드시 기억해야 한다. 꾸준한 연습을 통해 해결 전략을 세우는 것이 습관처럼 되어야 한다. 그래야 자신이 치

르는 시험에서 뿐만 아니라 실생활 속에서도 적절하게 활용할
수 있다.

> **중1 대수 문제 ◆** 자연수 1~100까지 숫자가 적힌 공이 있다. 다음과 같
> 은 방법으로 공을 A, B 상자에 넣기로 했다. 1단계 후 2단계를 반복할 때
> B상자에 마지막으로 들어가는 공의 숫자를 구하라.
>
>> **1단계** : 숫자 1이 적힌 공을 B상자에 넣는다.
>> **2단계** : 남은 공에서 가장 작은 수의 공을 A상자에 넣고, 이 수의 배
>>   수가 되는 공을 B상자에 넣는다.

이런 유형의 문제에서 해결방안을 찾기 위해서는 주어진 규
칙에 따라 몇 가지를 시행해본다.

A상자	B상자
	1
2	4, 6, 8, …, 98, 100
3	3, 9, 15, …, 93, 99
5	25, …

1은 B상자에 넣는다. 남은 공은 2부터 100까지의 자연수다.
이중 가장 작은 수 2는 A상자에 넣고, 2의 배수는 모두 B상자
에 넣는다. 다시 남아 있는 숫자 중 가장 작은 수인 3은 A상자

에 넣고, 3의 배수는 모두 B상자에 넣는다. 물론 이미 B상자에 들어가 있는 6, 12 등의 숫자는 상관없다. 다시 남아 있는 숫자 중 가장 작은 숫자는 5다. 5는 A상자에 넣고, 5의 배수는 모두 B상자에 넣는다.

이쯤 되면 A상자에 들어가는 숫자들이 어떤 특징이 있는지 알 수 있을 것이다. 그것은 바로 소수들이다. B상자 안에는 1을 제외하고 모두 합성수(약수가 3개 이상인 자연수)로 구성이 되어 있다.

이제 이 문제의 해결방안을 찾아낸 셈이다. 공을 넣는 규칙 속에서 소수와 합성수의 개념을 이해하고, 주어진 규칙대로 시행을 해 A상자에 들어가는 숫자들의 특징을 찾는 것이 이 문제의 핵심이다. 대개의 수학 문제들이 그러하듯 주어진 규칙에 따라 숫자를 배열해보고, 그 안에서 핵심적인 키워드를 찾아내야 한다.

위의 문제는 중학교 1학년 문제로 단순한 유형의 문제다. 그러나 그 속에서 핵심적인 요소를 찾아나가는 방식은 문제의 난이도에 상관없이 동일하다.

주어진 조건에 따라 직접 시행 ▶ 규칙성 찾기 ▶ 필요한 개념 찾기 ▶ 풀이의 흐름 정리

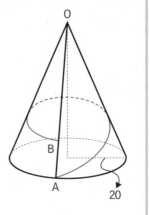

중3 도형 문제 ◆ 오른쪽 그림과 같은 밑변의 반지름이 20인 원뿔 모양의 산이 있다. A지점을 출발해 산을 한 바퀴 돌아 B지점으로 가는 기차의 철도를 최단거리로 놓으면, 이 철도는 처음에는 오르막길이지만 나중에는 내리막길이 된다.

이 내리막길 부분의 길이를 구하라.

(단, $\overline{OA} = 80$, $\overline{AB} = 20$)

이 문제의 핵심은 기차의 철도가 오르막길이 되다가 내리막길이 되는 지점이 어디인지를 찾는 것이다. 그 부분을 찾지 못하면 이 문제의 해결방안을 구상하기는 불가능하다. 대개의 학생들은 A에서 B까지 최단거리라는 단서로부터 직선거리를 생각하고, 그 거리를 구하는 것에 중점을 둘 것이다.

그러나 최단거리를 구하더라도 이 문제의 핵심인 오르막길과 내리막길의 구분이 되는 지점을 찾지 못한다면 해결하는 것은 결코 쉽지 않다. 이 문제는 다음과 같이 접근해 해결의 실마리를 찾는 것이 필요하다.

해결을 위한 키워드 : 부채꼴의 중심각의 크기, 최단거리, 오르막길과 내리막길의 구분 지점

주어진 조건에 따라 그림으로 디자인하고 해결의 실마리를 찾는다. 입체도형의 전개도를 그리고, 주어진 조건에 따라 오르막길과 내리막길의 구분의 되는 점을 생각해본다. 최단거리 AB가 직선이므로 오르막길과 내리막길의 구분은 꼭짓점 O에서 가장 가까운 지점인 H다. 즉 O에서 직선 AB에 수선의 발을 내린 $\overline{OH}$이다.

해결을 위한 단계별 풀이 흐름을 정리하면 다음과 같다.

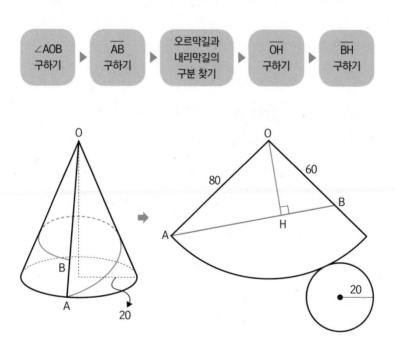

부채꼴의 호의 길이는 원뿔의 밑면인 원의 둘레의 길이와 같다.

$$2\pi \times 80 \times \frac{\angle \text{AOB}}{360°} = 2\pi \times 20$$

$$\frac{160}{360} \times \angle \text{AOB} = 40$$

$$\therefore \angle \text{AOB} = 90°$$

2단계: $\overline{\text{AB}}$ 구하기

직각삼각형 AOB에서 피타고라스 정리에 의해서

$\overline{\text{AB}}^2 = \overline{\text{AO}}^2 + \overline{\text{BO}}^2$ 이므로 $\overline{\text{AB}}^2 = 80^2 + 60^2 = 10000$

$$\therefore \overline{\text{AB}} = 100$$

3단계: 오르막길과 내리막길의 구분 찾기

3단계가 이 문제의 핵심이다. 내리막길을 찾기 위해서는 오르막길과 내리막길의 구분이 되는 지점을 찾는 것이 필요하다. 그 지점은 산꼭대기 O에서 가장 가까운 지점이다. 즉 O에서 직선 AB에 수선의 발을 내린 점이다.

4단계: $\overline{\text{OH}}$ 구하기

직각삼각형 AOB에서 삼각형의 넓이를 이용해 높이 OH의 길이를 구할 수 있다.

$$\triangle AOB = \frac{1}{2}\overline{OA} \cdot \overline{OB} = \frac{1}{2}\overline{AB} \cdot \overline{OH}$$

$$\triangle AOB = \frac{1}{2} \times 80 \times 60 = \frac{1}{2} \times 100 \times \overline{OH}$$

$$100 \times \overline{OH} = 4800$$

$$\therefore \overline{OH} = 48$$

5단계: $\overline{BH}$ 구하기

또다시 직각삼각형 OHB에서 피타고라스의 정리를 이용해 내리막길의 길이 HB를 구한다.

$$\overline{HB}^2 = \overline{OB}^2 - \overline{OH}^2 \text{ 이므로 } \overline{HB}^2 = 60^2 - 48^2 = 1296$$

$$\therefore \overline{HB} = 36$$

문제 속에서 키워드 찾기 ▶ 그림으로 디자인 ▶ 풀이의 흐름 정리 ▶ 단계별 풀이

문제 풀이를
그림으로 디자인하자

복잡한 식이나 글보다 그림이 이해하기 쉽다. 수학 문제도 그림으로 디자인하면 문제파악이 쉬워지고, 해결의 핵심적인 요소를 찾을 수 있다. 뿐만 아니라 풀이의 흐름을 잘 기억할 수 있다.

사람들은 복잡한 식이나 글보다 그림으로 나타낼 때, 쉽게 인식하고 이해하는 경향이 있다. 수학을 공부할 때도 공부한 개념이나 문제 풀이를 그림으로 디자인하면 이해하고 기억하는데 많이 도움이 된다. 그만큼 그림으로 디자인된 것은 뇌에 흔적으로 남아 오래 기억이 된다.

문제 풀이를 그림으로 디자인하는 것만으로도 핵심적인 요소를 파악할 수 있고, 활용하는 데도 큰 도움이 된다는 것을 기억하자. 특히 도형 문제라면 해결의 핵심요소를 디자인해보는 것이 무엇보다 중요하다. 도형을 최대한 정확히 그리려고 노력하고, 문제 풀이를 위한 핵심적인 요소들을 파악해보자.

"선생님, 이 문제 며칠 전에 풀이한 것 같은데, 풀이 과정을 까먹었어요."

"이 문제 풀이 방법 좀 알려주세요."

수업 시간에 문제를 풀 때 몇 명의 학생들이 볼멘소리를 하며 질문한다.

많은 학생이 바로 어제 풀이한 문제도 기억이 안 난다고 하소연한다. 스스로 필요에 의해서 공부를 한 것이 아니라, 어쩔 수 없이 숙제를 위해 문제를 풀었기 때문이다. 그러나 더 큰 이유는 문제 풀이를 텍스트로만 했기 때문에 기억을 하지 못하는 것이다.

풀이 과정을 그림으로 디자인하면 흐름을 알 수 있다

사람들은 일반적으로 문자로 된 것보다 그림으로 된 것을 더 오래 기억한다. 특히 수학 문제라면 문자와 기호 등으로 이루어진 풀이 과정보다 그 풀이 과정을 대신해줄 수 있는 이미지로 기억하면 머릿속에 더 오래 남는다. 텍스트를 대신하는 그림 속에 스토리가 있기 때문이다. 풀이 과정을 그림으로 나타내고, 그 그림 속에 스토리를 입혀준다면 전체를 기억할 수 있어 더 효과적이다.

또한 그림과 그 속의 스토리를 얼마든지 변형할 수도 있다. 이렇게 기억하면 풀이 과정의 흐름을 이해할 수 있고, 변형된 문제 속에서도 활용할 수 있는 힘이 생긴다.

그만큼 자신이 공부한 것을 그림으로 디자인하고, 이미지로 기억하면 더 효율적이라 할 수 있다. 중고등학교에서 배우는 수학을 분야별로 나누면 대수, 기하, 확률통계로 나눌 수 있다. 도형의 성질을 다루는 기하단원은 개념부터 문제 풀이까지 도형을 그리고 표현해 이미지로 구성하고 기억하는 것이 필요하다. 텍스트로 되어 있는 풀이 과정을 통째로 외우거나 이해하는 것은 항상 쉽지 않기 때문이다.

그러나 풀이 과정을 이미지로 구성하고, 꼭 필요한 키워드가 되는 식으로 표현하면 이해하고 활용하는 데 큰 도움이 된다. 계산 위주로 다루는 대수단원도 필요에 따라 이미지로 구성한다면 복잡한 계산식을 이해해 편리하게 계산할 수 있다는 장점이 있다.

물론 대수단원의 개념이나 문제를 모두 이미지로 구성하는 것은 어려울 뿐만 아니라 이미지로 나타낸다고 해도 의미가 없는 경우가 더 많다. 그런데 이해하기 어렵고 복잡한 개념일수록 이미지로 구성해 나타낸다면 쉽게 이해하고 편리하게 활용할 수 있다.

평상시 공부하는 단계부터 수학 개념이나 복잡한 문제 풀이를 그림으로 표현하고, 이미지로 기억하는 훈련이 필요한 이유다. 다음 몇 가지 예시를 통해 이미지를 구성하고, 기억하는 방법에 대해서 알아보자.

부등식을 활용한 퍼즐 유형

모양과 크기가 같은 동전이 9개가 있다. 그런데 이 중 하나는 나머지 8개보다 무게가 가볍다고 한다. 양팔저울을 두 번만 사용해 더 가벼운 동전을 찾을 수 있는 방법을 생각해보자.

해결방안은 다음과 같다.

1단계: 양팔저울을 2번만 사용 (제한)

가벼운 동전을 찾기 위해서 양팔저울에 1개씩 측정해 비교하면 최대 4번으로 가벼운 동전을 찾을 수 있다. 그런데 이 문제에서는 양팔저울의 사용을 2번으로 제한하고 있다. 즉 양팔저울에 1개 이상의 더 많은 동전을 올려놓고 비교해야 한다는 것이다.

2단계: 9개의 동전을 3개의 그룹으로 나눈다.

9개의 동전을 3개의 그룹으로 나누면 1번만 측정해 3개의 그룹 중 가벼운 동전이 있는 그룹을 찾을 수 있다.

(첫 번째 저울 사용)

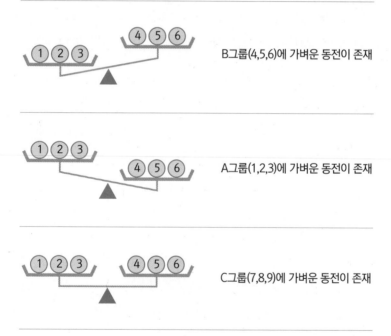

B그룹(4,5,6)에 가벼운 동전이 존재

A그룹(1,2,3)에 가벼운 동전이 존재

C그룹(7,8,9)에 가벼운 동전이 존재

3단계: 가벼운 동전이 있는 그룹에서 3개 중 2개의 동전을 양팔저울에 올려놓는다.

예를 들어 A그룹이 가벼운 동전이 있는 그룹이라 하자. 그럼 아래와 같이 가벼운 동전을 찾아낼 수 있다.

(두 번째 저울 사용)

| 2번이 가벼운 동전 | 1번이 가벼운 동전 | 3번이 가벼운 동전 |

저울 문제는 미지수를 결정하고 부등식을 세워 풀이하는 유형은 아니지만, 양팔저울을 사용해 대소 관계를 통해 부등식의 개념을 이용하는 문제라고 할 수 있다. 그래서 부등식의 내용을 정확히 이해하고 있어야만 최적의 해결방안을 찾아낼 수 있다.

기하문제 : 중2 도형의 닮음

중학교 2학년 닮음은 학생들이 매우 싫어하는 단원이다. 닮은 도형을 찾고, 비례식을 통해 길이를 구하는 것인데, 만만치 않은 문제들이 많다. 시험문제로 나왔던 것 중에 하나를 소개한다.

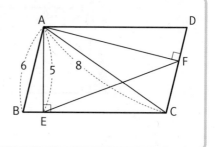
우선 이 문제는 정답률이 많이 떨어지는 문제다. 쉽게 해결
될 것 같다는 생각이 들지만 생각보다 만만치 않은 문제다. 여
러분들도 직접 연필을 들고 풀이를 해보자.

여기서는 이 문제의 해결에 초점을 맞춰 설명하는 것이 아니
다. 접근방법과 함께 이미지를 통해 해결전략을 세우고, 공부한
것을 기억하는 방법에 대해서 설명하려고 한다.

우선 문제가 주어지면 문제에서 활용할 수 있는 모든 개념을
머릿속으로 정리해본다. 그리고 필요하다면 간략하게 개념들
을 써놓는 것도 좋다.

이 문제에서 주어진 조건은 사각형이 평행사변형이고, 대각
선의 길이와 평행사변형의 한 변의 길이, 높이가 주어졌다. 이
러한 조건들을 이용해 $\overline{EF}$의 길이를 찾아내는 것이다. 해결이
쉽지 않다는 것을 바로 알아차릴 것이다. 그럼 도형의 이미지
를 확인하고, 평행사변형의 성질을 이용해 삼각형의 닮음을 적
용해보자.

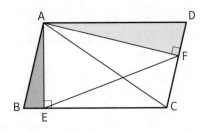

(1) 두 삼각형 ABE와 ADF는 닮음이다. 왜냐하면 사각형 ABCD가 평행사변형이므로 두 쌍의 대각의 크기가 각각 같기 때문이다. 즉 ∠B = ∠D이고 ∠BEA = ∠DFA = $90°$이므로, $\triangle ABE \backsim \triangle ADF(AA)$이다.

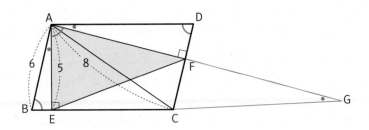

(2) 위의 닮음을 통해 추가적인 조건을 가져올 수 있고, 또한 다른 닮은 도형을 찾는 것이 핵심이다.

$\triangle ABE \backsim \triangle ADF(AA)$이므로 $\overline{AB} : \overline{AE} = \overline{AD} : \overline{AF} = 6 : 5$이다. 이때 $\overline{AD} = 6a$, $\overline{AF} = 5a$라 놓자.

변AF와 변BC의 연장선의 교점을 G라 하면

∠FAD = ∠FGC(엇각)이므로 ∠EAG = ∠ABE이다.

이제 이 문제에서 가장 생각하기 어려운 두 삼각형의 닮음을 찾을 수 있다.

$\triangle ABC \backsim \triangle EAF$(SAS)이다. 왜냐하면

$\overline{AB} : \overline{EA} = \overline{BC} : \overline{AF} = 6 : 5 = 6a : 5a = 6 : 5$이고,

끼인각 $\angle ABC = \angle EAF$이 같다.

(3) $\triangle ABC \backsim \triangle EAF = 6 : 5$이므로 닮음비가 $6 : 5$이다. 그러므로 $\overline{AC} : \overline{EF} = 6 : 5$이므로 $8 : \overline{EF} = 6 : 5$이다.

따라서 $\overline{EF} = \dfrac{20}{3}$이다.

그림 속에 스토리를 입히면 풀이 과정이 된다

앞의 문제는 하나의 예시를 든 것이다. 수학의 핵심개념이나 풀이 과정을 그림으로 표현해보고, 자신의 것으로 만들면 그 위력은 대단하다. 단순하게 한 문제의 해결만으로 끝나는 것이 아니라, 다양한 문제에 활용을 할 수 있기 때문이다. 문제에 접근하는 눈이 생기는 것이다. 텍스트로 풀이 과정을 쓴 것을 그림으로만 표현했다. 그림 속에 스토리를 입히면 그것이 바로 풀이 과정이다.

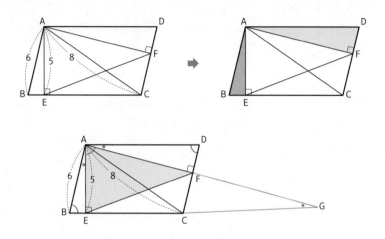

이 3개의 그림에서 첫 번째는 문제다. 두 번째 그림은 문제를 해결하기 위한 기본이 되는 이미지다. 두 삼각형이 닮음인 것을 찾고, 세 번째 그림으로 넘어간다. 그리고 세 번째 그림에서 닮음인 두 삼각형을 찾는 것이 이 문제의 핵심이다. 삼각형의 닮음 조건은 3가지가 있다.

SSS, SAS, AA 닮음 중 SSS, AA 닮음을 찾는 것은 쉬운데, SAS 닮음을 찾는 것은 쉽지 않은 경우가 많다. 대응하는 두 변의 길이의 비가 일정하고, 끼인각의 크기가 같을 때 두 삼각형은 SAS닮음이다. 위 세 번째 그림에서 삼각형ABC와 삼각형EAF가 닮음임을 파악해야 하는 것이 이 문제 해결의 마지막 단추인 것이다.

이제 어려운 문제를 직접 그림으로 표현해보고, 그 속에 풀이 과정을 스토리로 입혀봐라. 텍스트로 기억하고 공부할 때보다 여러분들의 머릿속에 더 오래 남고, 활용하고 적용하는 힘이 생길 것이다.

문제를 이미지로 표현	▶	핵심적인 이미지를 구성	▶	그림 속에 풀이 과정 스토리를 입힘

심화 문제와 창의력 문제는
이렇게 접근하자

심화 문제, 창의력 문제는 문제 풀이의 경험뿐만 아니라 해결의 실마리 찾기가 중요하다. 그래서 자신이 알고 있는 수학 개념을 총동원해 직접 규칙성을 찾아보고, 보조선을 그어 문제를 파악하고 접근해야 한다.

문제를 풀이하다보면 해결은커녕 시작도 못하는 경우가 있다. 대개 우리는 이런 문제들을 심화 문제, 창의력 문제라 한다. 어려운 심화 문제, 새로운 생각으로 접근해야 하는 창의력 문제는 학생들에게 늘 어렵다. 이런 문제들을 많이 풀어본 경험도 중요하지만, 접근방법 또한 중요하다. 문제 속에서 해결을 위한 실마리를 찾는 것이 우선이다.

문제 속에 나와 있는 개념들을 정리하고, 그 개념들을 활용해 해결을 위한 핵심적인 요소를 찾아내야 한다. 필요하다면 자신이 알고 있는 다른 개념들을 접목시켜보고, 보조선을 그어 추가적인 조건을 더 가져와야 한다.

문제마다 특별함이 있지만 몇 가지 예시를 들어 접근하는 방법을 소개한다. 이 방법을 참고해 심화 문제나 창의력 문제를 직접 풀어보고, 자신만의 접근방법을 세워야 한다.

어떻게 해야 해결방안을 잘 찾아낼 수 있을까?

수학 문제는 난이도에 따라 기본, 심화, 창의력 문제로 나눌 수 있다. 어떤 문제든 기본적인 개념의 이해가 바탕이 되어야 하고, 그 개념을 정확하게 이해했는지를 확인하기 위한 기본 문제 풀이는 우선이 되어야 한다. 처음부터 심화 문제나 창의력 문제를 척척 풀어내는 학생은 거의 없기 때문이다.

개념 공부와 함께 문제 풀이를 통해 누적된 경험과 힘이 해결의 방향을 잡아준다. 그래서 대부분의 학생은 더 많은 시간을 투자해 문제 풀이에 집중하고 있다.

그러나 무조건 수학 문제 풀이만 한다고 해서 복합적인 심화 문제나 창의력 문제를 해결할 수 있는 것도 아니다. 특히 창의력 문제들은 어떻게 접근하느냐에 따라 난이도가 천차만별이다. 접근방법에 따라 해결방안을 쉽게 찾을 수 있을 뿐만 아니라 계산도 쉬워진다.

반면 접근방법부터 잘못되면 해결방안을 찾을 수 없다. 그만큼 심화 문제나 창의력 문제는 접근방법이 중요하다. 집중력을 가지고 분석적으로 접근해 문제 속에서 핵심적인 요소를 찾아 내는 순간, 더 이상 우리를 괴롭히는 킬러 문제가 아니다.

심화 문제와 창의력 문제는 이렇게 풀자

다음은 킬러 문제라고 하는 몇 개의 문제들이다. 다음 문제를 풀이해보고, 나름의 접근 방법을 찾아보자.

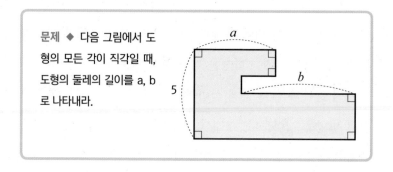

문제 ◆ 다음 그림에서 도형의 모든 각이 직각일 때, 도형의 둘레의 길이를 a, b 로 나타내라.

이 문제는 쉬워보이지만 풀이하는 데 어려움을 겪는 학생들이 많다. 그림을 분리해 변의 길이를 단순한 계산식으로 만들면 쉽게 해결된다. 그런데 도형을 가로와 세로로 분리해 길이를 구한다는 생각을 하지 못한다. 풀이 과정을 보면 별 것 아닌 것이 해결의 열쇠가 된다.

알고 나면 별 것 아닌 것이 바로 창의력이다. 창의력 문제가 대단한 것을 담고 있는 것이 아니다. 때로는 분석적으로 깊게 보고, 때로는 넓게 볼 수 있는 생각과 여유가 있을 때 해결의 실마리를 찾을 수 있다.

이제 연필을 들고 직접 이 문제를 풀이해보자. 만약 쉽게 해결되지 않는다면 다시 한 번 집중력을 가지고 깊게 접근해봐야 한다. 도형을 분리하거나 보조선을 그어 선분의 길이에만 집중해보면, 어느 순간 눈으로만 봐도 길이에 대한 정보를 얻을 수 있을 것이다. 이렇게 얻어지는 것이 쌓이면 바로 창의적인 힘이 된다. 간단하게 그림으로 풀이를 정리하면 다음과 같다.

아래 그림과 같이 직사각형을 만들면 도형의 둘레의 길이가 직사각형의 둘레의 길이와 같다는 것을 알게 될 것이다. 풀이를 위한 해결의 실마리를 찾은 것이다. 그러므로 도형의 둘레의 길이는 $2(a+b) + 10$이다.

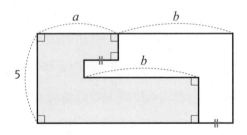

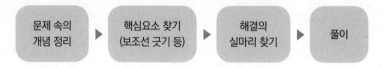

다음은 교과서에 나와 있는 문제로, 변형되어 시험에 출제되었던 것이다. 중학교 1학년 수준의 문제지만 퍼즐적인 감각이 있어야 풀이할 수 있는 문제다.

퍼즐유형 ◆ 네 수 $-\dfrac{3}{4}$, $-\dfrac{1}{5}$, $\dfrac{1}{3}$, $\dfrac{2}{3}$ 중에서 세 수를 선택해 다음 빈칸에 넣어 계산하려고 한다. 계산 결과가 가장 큰 수 일 때와 가장 작은 수일 때의 값을 구하라. (단, 계산식도 반드시 쓰시오)

우리는 수학의 연산을 공부할 때, 결과를 찾는 연습에만 집중한다. 예를 들어 $\dfrac{1}{2} \times \dfrac{1}{3}$ 이나 $\dfrac{1}{2} \times \left(-\dfrac{1}{3}\right)$ 와 같이 계산식의 결과를 찾는 연습은 많이 하지만, 반대로 어떤 결과가 나오기 위해서 어떤 수를 곱해야 할지에 대해서는 많이 생각하지 않는 것이다.

위의 문제는 간단한 유리수의 연산만 알고 있으면 해결할 수 있다. 그러나 주어진 숫자들을 가지고 연산의 결과가 가장 크거나 작을 때를 만들라고 하는 것이면 달라진다. 다양한 경우가 가능하기 때문이다. 그래서 이 문제는 계산 전에 최댓값과

최솟값이 되는 경우를 먼저 생각해봐야 한다.

연산의 결과가 최대가 되기 위해서는 계산 결과가 양수여야 한다. 나눗셈을 곱셈으로 바꿀 수 있으니까, 세수를 곱해 양의 값이 되기 위해서는 음수 2개와 양수 1개를 곱해야 한다.

주어진 네 수가 $-\frac{1}{5}$, $\frac{2}{3}$, $-\frac{3}{4}$, $\frac{1}{3}$이므로 $-\frac{1}{5}$과 $-\frac{3}{4}$은 모두 사용하고, 나머지 한 수는 양수 $\frac{2}{3}$와 $\frac{1}{3}$을 이용해 최댓값이 되는 경우를 찾아야 한다. 물론 최댓값을 찾을 때 나눗셈이 있다는 것도 이 문제의 핵심이다. 최솟값을 찾을 때도 같은 방법으로 찾을 수 있다.

최대 (음, 음, 양)가 될 때,

$$-\frac{3}{4} \div \left(-\frac{1}{5}\right) \times \frac{2}{3} = \frac{5}{2}$$

최소 (양, 양, 음)

$$-\frac{3}{4} \div \frac{1}{3} \times \frac{2}{3} = -\frac{3}{2}$$

다음은 중학교 3학년 무리수 단원의 문제다. 주어진 규칙에 따라 공을 움직이고, 그 속에서 무리수의 연산을 해야 하는 문제다.

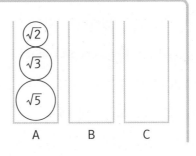

퍼즐유형 ◆ 휘돌이는 다음과 같은 게임 규칙이 있는 놀이를 하려고 한다. 다음 규칙에 의해서 최소의 이동횟수로 A통의 공을 C통으로 모두 옮길 때, 그 결과의 수를 구하시오.

(1) 이 경기의 최소 이동횟수가 $a^m - b$일 때, 가장 작은 자연수 a, b를 구하시오. (단, m: 자연수)

(2) 위의 게임을 통해 공을 옮길 때마다 공에 적힌 숫자만큼 곱해 나오는 결과의 값을 구하시오.

　

위의 문제는 하노이 탑이라는 놀이를 바탕으로 만들어진 문제다. 하노이 탑이란 1883년 프랑스 수학자 루카스Lucas에 의해 고안된 문제인데, 가운데 기둥을 이용해서 왼쪽 기둥에 놓인 크기가 다른 원판을 오른쪽 기둥으로 옮기는 문제다.

이때 원판은 한 번에 한 개씩만 옮길 수 있으며, 작은 원판 위에 큰 원판이 놓일 수 없다는 조건에 따라야 한다. 이 퍼즐 놀이를 통해 집중력을 향상시킬 수 있고, 놀이 속에서 규칙성을 찾아낼 수 있다. 생각보다 흥미롭고 재미있는 퍼즐이다.

이러한 퍼즐적인 개념을 바탕으로 만들어진 문제들은 해결 방안을 찾아내기 어려울 때가 많다. 이 문제에서도 최소의 이동횟수를 찾는 것이 핵심이다. 원판이 1개일 때부터 이동횟수를 구해 규칙성을 찾는 것이 가장 일반적이다. 1개일 때는 1회,

2개일 때는 3회, 3개일 때는 7회다. 이동횟수를 구한 것을 통해 n개 일 때는 최소 이동횟수가 $2^n - 1$라는 것을 알게 된다.

이제 공에 적힌 무리수를 계산하면 된다. $\sqrt{2}$은 4번, $\sqrt{3}$은 2번, $\sqrt{5}$은 1번 이동하므로 $(\sqrt{2})^4 \times (\sqrt{3})^2 \times \sqrt{5} = 12\sqrt{5}$다.

자신만의 개념노트,
이렇게 정리하면 된다

수학 개념을 정리하는 방법은 다양하고 정답도 없다. 다만 관련성을 높여 개념을 정리하면 더 효율적이다. 마인드 맵, 비주얼 싱킹 등을 이용해 자신만의 개념노트를 만들면 전체의 흐름을 알고 활용성을 높일 수 있다.

누누이 말했지만 수학 공부에서는 개념이 중요하다. 그러나 수학 개념을 배우고, 자신의 것으로 만들기 위한 노력은 부족한 것이 일반적이다. 문제 풀이 위주로 공부하기 때문이다. 수학 개념이 중요하다고 생각하지만 정리할 만큼의 노력은 하지 않는다.

개념노트를 정리해 각각의 개념과 관련 내용을 기록해보면, 전체의 개념을 하나로 연결해 파악할 수가 있다. 여기에서 개념노트를 정리하는 방법으로 마인드 맵minde map, 비주얼 싱킹visual thinking, 스토리텔링story telling 등을 소개할 것이다. 그러나 개념노트 정리법에는 정답이 없다.

자신의 방법대로 개념을 정리하고, 자신이 몰랐던 부분들이 고스란히 기록되어 있으면 된다. 다만 이미지로 단순화하거나 서로의 연결고리를 통해 개념을 정리하는 것이 더 효율적이라는 것만 기억하면 된다.

수학 공부를 비롯해 자신이 공부한 것을 정리하는 것은 중요하다. 관련성을 가지고 효율적으로 정리하면 오래 기억할 수 있을 뿐만 아니라 분석하고 적용하는 문제에서 큰 그림의 역할을 한다. 배운 개념을 최대한 관련성을 가지고 정리해 전체 그림을 그려놓고, 언제든지 활용할 수 있는 것이 바로 큰 그림이다.

개념의 큰 그림은 기억력을 향상시켜주고, 문제를 분석해 적용하는 것에도 큰 도움을 준다. 또한 관련성을 가지고 정리된 큰 그림은 확장성을 가지고 있다. 단순하게 그 단원에만 국한되는 것이 아니라 정리된 개념을 통해 상위개념을 생각할 수 있다.

예를 들어 중학교 2학년 직각삼각형 닮음 단원에서 닮음에 대한 개념을 정리하면서 관련성을 확장하면 중학교 3학년의 피타고라스 정리까지 나아갈 수 있다. 수학은 거미줄처럼 연관성을 가지고 구성되어 있기 때문이다.

지금 배우는 단계의 개념을 관련성을 가지고 큰 그림을 그려보면 그것만으로도 개념이 정리되고, 문제 속에서 활용성이 커질 것이다. 또한 이미 배운 개념과 앞으로 배운 개념도 정리하고 생각해볼 수 있는 기회가 될 것이다.

마인드 맵, 비주얼 싱킹, 스토리텔링

최근 들어 자신의 생각들을 정리하는 방법이 많이 소개되고 있다. 생활 속에서 자신의 생각들을 정리하고, 기억한 후 적용하는 것은 무엇보다 중요하기 때문이다. 특히 공부한 내용을 정리하는 방법은 열풍처럼 소개되고 있다. 마인드 맵이나 비주얼 싱킹이라는 말은 익숙할 것이다.

마인드 맵은 1970초 영국의 두뇌학자 토니 부잔Tony Buzan이 처음 소개한 기법으로, 자신의 생각을 지도에 그리듯이 핵심단어를 중심으로 생각의 꼬리를 이어나가는 방식이다. 개념의 관련성을 나뭇가지가 뻗어나가듯이 키워드와 이미지를 사용해 정리하면 깊이 있는 통합적 사고가 가능하다. 이 방식은 정리와 함께 활용성을 극대화할 수 있다는 장점이 있다.

비주얼 싱킹은 이미지에 더 초점을 맞춰 자신의 생각을 글과 이미지 등을 통해 체계화하고 기억력과 이해력을 키우는 시각적 사고방법이다. 수학 개념을 이미지로 구성해 정리하면 전체적인 흐름을 이해할 수 있고, 오래 기억할 수 있다는 장점이 있다. 마인드 맵과 동시에 사용해 각각의 장점을 극대화할 수도 있다.

스토리텔링은 상대방에게 알리고자 하는 내용을 이야기하듯 재미있고 생생하게 전달하는 방식이다. 〈2015 개정교육과정〉

에서도 스토리텔링을 강조하고 있다. 수학 개념을 배울 때 이야기형식으로 전달하는 생각 열기를 만들어 흥미를 유도하고, 기본 및 심화과정, 실생활 활용 문제로 구성하고 있다. 그만큼 수학 개념을 이야기를 통해 자연스럽게 이해할 수 있도록 방향을 잡고 있다. 그러면서 수학 과목에서도 읽기능력과 문제해석 능력을 강조하고 있다.

수학 개념을 공부할 때 마인드 맵, 비주얼 싱킹, 스토리텔링 등 어떤 방법을 활용하든 상관은 없다. 다만 개념을 정리할 때 최대한 관련성을 높이는 것은 중요하다. 관련성이 보장되어야만 기억력이 향상되고, 활용성이 커질 수 있다. 위에서 소개한 것 중 하나를 선택해도 되고, 여러 가지를 활용해도 된다.

전형적인 형식에 치우칠 필요도 없다. 어차피 개념 정리는 자신이 공부한 내용을 자신의 방법으로 정리하면 된다. 좀더 활용성을 높이기 위한 방법일 뿐이다. 이러한 방법들을 활용해 자신만의 개념노트를 만들어보는 것이 중요하다.

마인드 맵

마인드 맵은 식의 계산, 방정식, 함수 단원 등 개념을 텍스트로 나열할 때 적합하다.

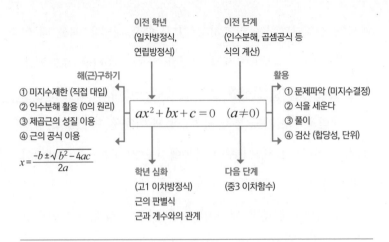

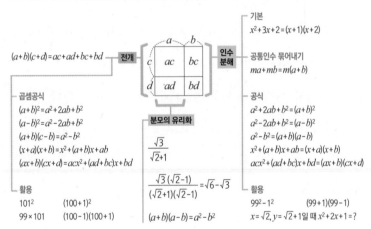

비주얼 싱킹

비주얼 싱킹은 도형 등 이미지를 중심적으로 나열할 때 적합하다. 다음은 주어진 성질을 보고 어떤 사각형인지를 찾기 위해 만든 관계도다. 아래의 그림과 같이 도형 안에 정의와 성질을 모두 표시할 수 있고, 각각의 관계를 나타낼 수 있다. 비주얼 싱킹을 이용해 이미지를 중심으로 각각의 키워드를 기록하거나 그림으로 나타낼 수 있어, 개념을 정확하게 정리할 수 있다.

여러 가지 사각형들 사이의 관계

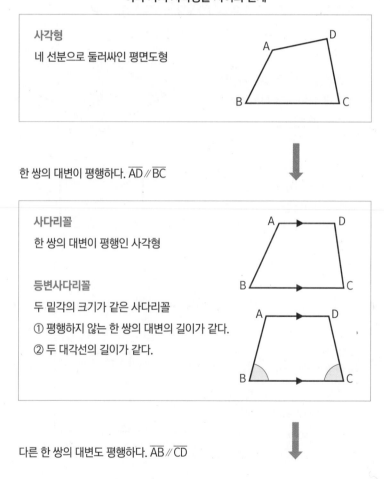

사각형
네 선분으로 둘러싸인 평면도형

한 쌍의 대변이 평행하다. $\overline{AD} /\!/ \overline{BC}$

사다리꼴
한 쌍의 대변이 평행인 사각형

등변사다리꼴
두 밑각의 크기가 같은 사다리꼴
① 평행하지 않는 한 쌍의 대변의 길이가 같다.
② 두 대각선의 길이가 같다.

다른 한 쌍의 대변도 평행하다. $\overline{AB} /\!/ \overline{CD}$

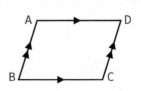

평행사변형

두 쌍의 대변이 각각 평행인 사각형

① 두 쌍의 대변의 길이가 각각 같다.

② 두 쌍의 대각의 크기가 각각 같다.

③ 두 대각선이 서로 다른 것을 이등분한다.

(평행사변형) + 이웃하는 두 변의 길이가 같다. → (마름모)

(평행사변형) + 이웃하는 두 각의 크기가 같다. → (직사각형)

마름모

네 변의 길이가 모두 같은 사각형

① 두 대각선이 서로 다른 것을
   수직이등분한다.

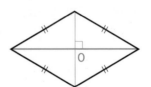

직사각형

네 내각의 크기가 모두 같은 사각형

① 두 대각선의 길이가 같고,
   서로 다른 것을 이등분한다.

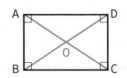

(마름모) + 이웃하는 두 각의 크기가 같다. (정사각형)

(직사각형) + 이웃하는 두 변의 길이가 같다. (정사각형)

정사각형

네 변의 길이가 모두 같고

네 내각의 크기가 모두 같은 사각형

① 두 대각선의 길이가 같다.

② 두 대각선이 서로 다른 것을 수직이등분한다.

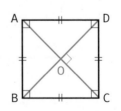

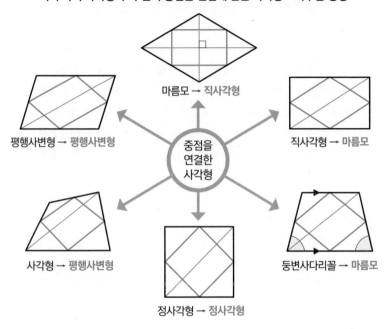

여러 가지 사각형의 각 변의 중점을 연결해 만든 사각형 - 비주얼 싱킹

마름모 → 직사각형

평행사변형 → 평행사변형

직사각형 → 마름모

중점을
연결한
사각형

사각형 → 평행사변형

둥변사다리꼴 → 마름모

정사각형 → 정사각형

스토리텔링

스토리텔링은 이야기로 수학 개념을 익히는 과정이다. 생활 속
의 이야기나 역사 속의 이야기를 통해 수학 개념을 자연스럽게
받아들일 수 있다. 다음은 교과서에 나와 있는 생각 열기와 수
업시간에 첫 단원을 소개하면서 설명하는 내용들이다.

중2 창의력 향상을 위한 생각 열기(천재교육)

> 텔레비전은 1954년 우리나라에 처음 소개되었고, 1980년 컬러 방송 서비스가 시작되었다. 전자 산업의 발달과 함께 텔레비전의 제조 기술이 첨단화되면서 다양한 종류의 제품들이 개발되었다. 요즘에는 와이드 스크린 텔레비전이 개발되어 보급되고 있다. 이전의 텔레비전 화면은 가로의 길이와 세로의 길이의 비율이 4:3인데 비해, 와이드 스크린 텔레비전 화면은 가로의 길이와 세로의 길이의 비율이 16:9로 시각이 넓고 화질 또한 뛰어나다.
>
> **생각해봅시다**
> ① 다양한 크기의 와이드 스크린 텔레비전 화면의 가로의 길이와 세로의 길이의 비율은 얼마인가?
> ② 이전의 텔레비전 화면과 와이드 스크린 텔레비전 화면의 모양의 차이점은 무엇인가?

수업시간 중 진행되는 생각 열기

> 일상적으로 사용하는 닮음의 의미와 수학에서의 닮음의 의미는 다르다. 일상생활 속에서 '두 건물이 닮았다'라고 사용하면 **'비슷하다'**의 의미를 담고 있다. 그러나 수학에서 '두 도형이 닮음이다' '닮은 도형'이라고 하면 **'비율이 일정하다'**의 의미를 담고 있다. 즉 합동을 포함해 **일정한 비율로 축소하거나 확대하는 것**을 수학에서 **닮음**이라고 한다.
> 고대 그리스의 수학자 탈레스는 막대 하나를 이용해 피라미드의 높이를 측정했다. 여기서 사용한 것이 바로 도형의 닮음의 개념이다. 피라미드의 높이를 측정하기 위해 막대를 세워 막대의 그림자의 길이와 막대높이를 잰 다음, 피라미드의 그림자의 길이를 잰 후 다음과 같은 방법으로 구했다.

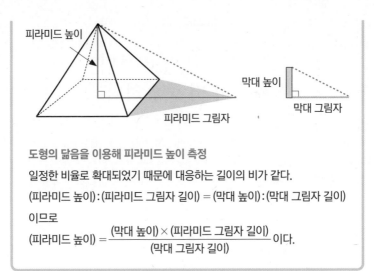

피라미드 높이

막대 높이

피라미드 그림자

막대 그림자

도형의 닮음을 이용해 피라미드 높이 측정

일정한 비율로 확대되었기 때문에 대응하는 길이의 비가 같다.

(피라미드 높이):(피라미드 그림자 길이) = (막대 높이):(막대 그림자 길이)

이므로

(피라미드 높이) = $\dfrac{\text{(막대 높이)} \times \text{(피라미드 그림자 길이)}}{\text{(막대 그림자 길이)}}$ 이다.

다시 한 번 강조하지만, 개념노트를 정리하는 방법에는 정답이 없다. 어떤 방식이든 관련성을 극대화하는 것이 중요하다.

나는 수업을 통해 개념을 설명할 때 칠판에 정의, 개념, 성질 등을 나열해 서로 간의 관련성에 대해서 설명한다. 그리고 학생들에게 노트나 백지에 설명한 내용을 정리해 써보라고 한다. 기록을 통해 자신의 배운 내용을 정리하는 습관만으로도 충분하다.

단원별로 구분해 마지막 시간에 공부한 수학 개념을 백지에 그림과 텍스트를 이용해 정리해보자. 그냥 나열된 개념보다 관련성을 극대화하기 위해 이미지와 핵심 키워드를 쓰면 하나하나의 개념뿐만 아니라 전체의 흐름이 머릿속에 정리된다.

오답노트는 정리보다
활용이 더 중요하다

오답노트는 어떤 방식으로 정리하느냐보다 어떻게 활용하는가가 중요하다. 오답노트 속에 자신의 부족함이 고스란히 남아 있다면 공부의 방향과 계획, 부족함을 채우기 위한 실질적인 공부가 가능하다.

오답노트는 어떤 방식으로 정리하느냐보다 어떻게 활용하는가에 따라 그 의미와 가치가 달라진다. 틀린 문제를 한 번 더 풀이하는 정도로만 끝나면 큰 의미는 없다. 오답노트를 통해 자신의 부족함이 고스란히 나타나야 공부의 방향과 계획을 세우고, 부족함을 채워나가기 위한 실질적인 공부를 하는 데 도움이 된다.

공부하고 풀이한 문제 중에 틀린 문제를 정리하는 오답노트는 어떻게 정리하고 활용하느냐에 따라 의미와 가치가 달라진다. 그럼 오답노트를 어떻게 정리해야 활용성이 높아질까?

오답노트 정리법에는 정답은 없다. 어떻게 정리하든 자기 마음대로 해도 된다. 어차피 오답노트는 자신의 부족함을 찾아내고, 채워나가는 것이 목적이기 때문이다. 다만 정리한 오답노트를 어떻게 활용하느냐는 큰 차이가 있다.

오답노트 정리 및 활용법

오답노트는 단순하게 틀린 문제를 한 번 더 쓰는 것이 아니다. 자신이 틀린 문제를 확인해, 그 이유와 함께 자신의 부족함을 상세히 써내려가야 한다.

자신이 왜 그 문제를 틀렸는지를 찾았다면 그 다음은 관련 내용을 정리하는 것이다. 수학 개념을 이해하지 못했는지, 문제의 방향을 잡지 못했는지를 확인해본다. 만약 수학 개념을 이해하지 못해 문제를 틀렸다면 개념에 대해 더 철저하게 정리하고, 왜 그런지에 대해서도 생각해봐야 한다.

수학 개념을 제대로 이해하지 못해 문제를 틀린 경우는 대개 개념을 공식처럼 외웠기 때문일 것이다. 정확한 개념 이해가 되지 않은 것이다. 이런 경우는 공부하는 습관부터 수정해야 한다.

수학 공부의 무게 중심을 문제 풀이에서 개념 이해쪽으로 변경해야 한다. 자신의 수준을 객관적으로 평가해 공부 계획을 세워야 한다. 오답노트를 통해 자신의 문제점을 파악할 수 있고, 공부방향도 잡을 수 있다.

또한 문제의 방향을 제대로 잡지 못해 틀렸다면 문제 속의 핵심 키워드를 정리해보자. 키워드가 되는 용어, 문장, 개념 등을 정리해봄으로써 자신의 부족함을 찾아낼 수 있다. 정확한 용어의 이해가 부족했다면 다시 한 번 점검해봐야 한다. 문제의 방향을 잡지 못한 경우는 해결방안을 찾지 못한 것이다.

사례로 배우자

오답노트 속에는 틀린 문제의 풀이 과정과 정답, 관련 개념, 확장 개념 등 문제를 분석하고 앞으로의 방향을 제시해야 하지만, 그것만으로는 충분하지 않다.

더 필요한 것은 오답노트 속에 자신의 흔적이 그대로 남아 있어야 한다. 부족한 흔적, 그 부족한 것을 어떻게 해결해나갈 것인가에 대한 자신의 생각이 중요하다. 자신이 공부하고 부족했던 부분들이 오답노트 속에 고스란히 남아 있다면 대성공이다.

이제 자신의 부족함을 채워나가고 변화하려는 노력이 필요하다. 단순한 계산실수부터 개념의 이해부족까지 하나하나 해결해나가는 것이 진정한 공부다. 그 진정한 공부가 오답노트 속의 세세한 흔적으로부터 시작되는 것이다.

다음은 효율적인 오답노트 정리의 예를 소개한 것이다. 어떤 것이든 정답은 없지만 여러분들이 참고해 공부한 흔적이 고스란히 남아 있도록 정리해보자.

단원명	중1 다각형의 각의 크기	관련단원	중3 원주각
문제 유형	서술형	중점 사항	보조선 연결 및 비례식
오답 원인	해결방안 이해부족	확인 사항	충분히 이해함

(정기 평가 서술형 2번)
아래 그림과 같이 원의 둘레를 12등분 했을 때, ∠CAB와 ∠AED의 크기를 각각 구하라.

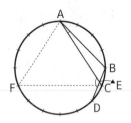

해결방안
원의 둘레를 12등분하였으므로 호의 길이와 비례해 각을 구할 수 있음

풀이
△AFC : 정삼각형이다.
∴ $\overline{AF} = \overline{FC} = \overline{CA}$ (∵ $\overparen{AF} = \overparen{FC} = \overparen{CA}$)
즉 호의 길이가 같으면 현의 길이가 같다.
(중심각과 현의 길이, 호의 길이 관계)

오답 원인
(예1)
△AFC : 정삼각형이라는 사실은 이해했으나 비례식을 통해 ∠BAC를 구하지 못함
∠AFC = 60°,
∠BAC = $60° \times \frac{1}{4} = 15°$

(예2) ∠BAC = $60° \times \frac{1}{4} = 15°$을 구했으나 사각형 AFDC를 충분히 이해하지 못해 ∠ACD를 구하지 못함 (보조선 연결)

오답 분석
문제를 정확히 파악하지 못함
(용어와 관련 내용)
기본개념은 이해했으나 활용능력이 부족

확장 내용 – 중3
기본내용 (원주각)
∠AOB : 호AB의 중심각 (유일)

$\therefore \angle AFC = 60°$,

$\angle BAC = 60° \times \dfrac{1}{4} = 15°$

사각형 AFDC에서 $\angle ACD$를 구한다.

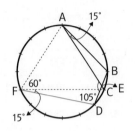

$\therefore \angle ACD$

$= 360° - (60 + 75 + 105) = 120°$

$\angle APB$: 호AB의 원주각

$\angle APB = \dfrac{1}{2}\angle AOC$

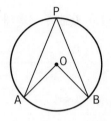

(증명) 아래 그림에서 이등변삼각형과 외각의 성질을 이용해 원주각의 크기는 중심각의 크기의 $\dfrac{1}{2}$이다.

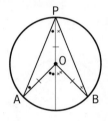

오답정리는 자신이 이해하지 못했던 부분을 위주로 정리하면 된다. 또한 오답정리를 통해 개념을 확장해나간다면 자연스럽게 상위학년의 개념을 확인할 수 있는 기회가 될 수 있다.

위와 같이 중학교 1학년 다각형의 성질을 오답정리하면서 중학교 3학년 원의 성질의 개념까지 확장해서 생각해볼 수 있다. 필요에 따라 관련 내용을 깊이 있게 정리를 해본다면 개념의 연결고리를 파악할 수 있다.

퍼즐놀이를 통해
수학감각을 익히자

퍼즐 문제 풀이, 큐브 맞추기, 보드게임은 즐겁다. 문제를 풀 때 자신도 모르게 몰입해 집중하게 되고, 긍정적인 에너지가 발생된다. 이런 퍼즐놀이는 수학감각을 키울 수 있는 또 하나의 경험이다.

학생들은 수학 공부 하는 것을 힘들어하지만 퍼즐 문제, 큐브 맞추기, 보드게임을 할 때는 신이 나서 시간가는 줄 모르고 몰두한다. 놀이에는 재미와 즐거움이 있기 때문이다. 이러한 놀이들을 통해 자신도 모르는 사이에 몰입해 집중하는 힘이 생기고, 수학적인 감각도 향상될 수 있다.

또한 그냥 즐겁게 노는 것만으로도 긍정적인 에너지가 발생된다. 그것이 퍼즐 문제와 교구들을 가지고 노는 것의 최대 장점이다.

그런데 놀면서 공부할 수 있을까? 보통 우리는 노는 것과 공부하는 것이 전혀 다르다고 생각한다. 어린아이들이나 감각을 키우기 위해 놀면서 배울 수 있다고만 생각한다.

그러나 퍼즐 문제나 큐브, 보드게임 등에 관심을 가지고 즐기다보면 수학감각을 얼마든지 키울 수 있다. 뿐만 아니라 다양한 퍼즐을 다루다보면 집중력 등이 향상될 수 있다. 다양한 퍼즐놀이는 또한 하나의 경험으로, 즐겁게 수학 공부를 해나갈 수 있는 힘에 도움을 준다.

수업시간에 퍼즐 문제를 칠판에 쓰고 풀어보라고 하면 학생들은 평소와 사뭇 다른 모습이다. 학생들의 입가에 웃음부터 나온다. 재미있는 퍼즐 문제를 풀이한다는 생각으로 시작부터 즐거워한다.

늘 수학을 잘하는 친구가 수업의 주인공이었는데, 퍼즐 문제 풀이시간만큼은 선행의 위력이 발휘되지 않을 때가 많다. 그냥 한 시간 논다고 기뻐할 거라 생각했는데, 학생들은 평소 수업시간보다 더 집중을 한다. 집중하는 것만으로도 성공이라 생각한다.

매번 같은 패턴으로 진행되던 수업시간이 지루할만도 할 것이다. 날씨라도 더워지면 더 그렇다. 이럴 때마다 응급처방이라고 생각하던 퍼즐시간이 엄청난 위력을 발휘한다. 학생들을 집중시켜주고, 재미와 흥미까지 가져다준다.

또한 즐겁게 하는 수업 속에서 만족감을 느끼고, 놀이를 통해 수학적인 생각도 하게 된다. 매번은 아니지만 놀이를 통해 수학적인 감각을 키울 수만 있다면 가장 좋은 수업이고 공부라고 할 수 있다. 수학적인 감각이 쌓여 문제해결력에도 도움이 될 수 있다.

이런 수업을 통해 몰입하고 적용하는 힘이 향상된다. 시험성적에 바로 반영이 되지 않는다고 하더라도 앞으로의 수학 공부에서 집중력·분석력·해결력에 큰 도움이 된다.

퍼즐노트는 자신만의 아이디어노트다

수학 수업 마지막 10분 동안 수업 속의 작은 수업이란 이름으로 퍼즐 문제를 풀이하는 시간을 갖는다. 수학시간 전체를 교과서 내용만 가지고 학생들과 씨름하는 것보다는 좀더 즐겁고 재미있는 퍼즐 문제를 보여주고, 함께 풀이하면서 흥미를 느끼기 바라는 마음이었다. 학생들은 눈을 반짝이며 많은 관심을 갖고, 풀이에 도전하면서 즐거워한다.

퍼즐 문제 풀이에 열중하는 학생들은 대부분 노트에 뭔가를 써가며 이런저런 생각을 하는 모습이다. 노트 속에 문제해결을 위한 자신만의 아이디어들이 나열되어 있다. 그 아이디어를 노트에 쓰는 것이 해결의 핵심적인 열쇠를 찾는 과정이다.

그래서 나는 학생들에게 퍼즐노트를 준비하라고 한다. 퍼즐

노트는 자신만의 아이디어 노트다. 그 속에는 문제해결을 위한 실마리가 있고, 그것들을 자신만의 기호로 나타내거나 그림으로 표현하는 경우가 일반적이다.

수학 공부뿐만 아니라 다른 분야에 활용한다는 측면에서 퍼즐노트는 많은 의미가 있다. 어차피 퍼즐 문제는 해결이 중요한 것이 아니라 해결로 가는 과정에서 자신만의 참신한 생각들을 정리하고, 그런 훈련을 해나가는 것이 중요하다. 그래서 퍼즐 문제를 풀어보는 것만으로도 많은 의미가 있다. 해결의 방향과 실마리를 찾고, 자신만의 창의적인 생각들을 고스란히 정리할 수 있기 때문이다.

또한 퍼즐 문제는 단순해보여도 번뜩이는 생각이 있어야 해결의 실마리를 찾을 수 있다. 그 실마리를 찾기까지 다양한 시도를 해보고, 시행착오를 걸쳐야 한다. 그래서 퍼즐 문제를 풀이하면서 창의력뿐만 아니라 집중력이나 끈기 같은 공부의 정서적인 측면이 향상될 수 있다.

집중력이나 끈기, 인내는 공부의 습관을 만드는 중요한 요소들이다. 이러한 것들이 자신의 습관으로 만들어질 때 수학 공부의 좋은 변화를 맛볼 수 있다는 것을 기억하길 바란다.

다양한 퍼즐 문제로 수학감각 키우기

다음은 수업시간에 학생들과 함께 풀이했던 퍼즐 문제 중 학생들이 좋아했던 문제들이다. 여러분들도 직접 풀이해보고, 퍼즐 문제 속에서 핵심적인 생각들을 찾아보자.

문제 ◆ 오각별 모양에 두 개의 직선을 그어 삼각형 10개를 만들어보자. (단, 삼각형은 겹쳐서 셀 수 없다.)

몇 번 해보면 쉽게 해결되지 않는다는 것을 알게 될 것이다. 별 모양 안에서 최대로 나눠 삼각형의 개수를 만들려고 해도 불가능하다는 것을 알게 될 것이다. 그렇다면 어떻게 접근해야 해결할 수 있을까?

우선 생각을 바꿔야 한다. 주어진 별모양 안에서만 삼각형을 만드는 것이 아니라, 직선의 성질을 최대한 활용해 두 직선이 별모양 밖에서 만나도록 계획을 세워야 해결할 수 있는 문제다.

다음에 나오는 그림을 보면 ②, ④ 삼각형을 찾아야, 10개의 삼각형을 만들 수 있다. 생각의 전환이 필요한 문제인 것이다.

삼각형을 별모양의 밖으로 전환시키는 순간, 이 문제는 쉽게 해결할 수 있다. 그러나 생각이 전환이 되지 않으면 무척 어려운 문제가 된다.

실제로 이 퍼즐 문제를 며칠 동안 씨름하며 노트에 온통 별을 그리던 학생이 생각난다. 결국 그 학생은 일주일 내내 고생해 문제를 해결한 후, 새롭게 생각하고 생각을 전환하는 것이 필요하다는 것을 느꼈고, 오랜 시간 하나의 문제를 해결하기 위해 집중하고 몰입했던 경험이 참 즐거웠다고 말했다.

퍼즐 문제 풀이는 학생들에게 즐거운 경험과 긍정적인 에너지를 준다. 이것은 수학 공부에서도 똑같이 작동되어 문제해결을 위한 좋은 경험이 된다.

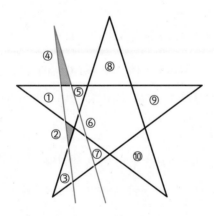

문제 ◆ 1, 1, 5, 8 숫자를 모두 사용하고, 사칙연산과 괄호만을 이용해 10을 만들어보자.

1, 1, 5, 8

이 퍼즐 문제는 기본적인 연산을 이용해 10을 만드는 것이다. 쉬워 보이지만, 직접 해보면 결코 쉽게 해결되지 않는 퍼즐이라는 것을 알게 된다. 생각을 전환해야 한다. 주어진 숫자만으로 10을 만드는 것이 어려우면 새로운 숫자가 필요하다. 사칙연산을 이용해 새로운 숫자가 나오는 것은 나눗셈일 때다. 즉 분수의 계산식에서 분자에 새로운 숫자를 만들어낼 수 있다.

예를 들어 $1 - (1 \div 5) = 1 - \frac{1}{5} = \frac{4}{5}$ 에서 분자에 새로운 숫자 4가 나온다는 것을 알 수 있다. $\frac{4}{5}$ 와 나머지 숫자를 이용해 10을 만들 수 있는지를 확인해본다. $8 \div \frac{4}{5} = 8 \times \frac{5}{4} = 10$ 이 됨을 알 수 있다. 정리하면 다음과 같다.

$$8 \div \{1 - (1 \div 5)\} = 8 \div (1 - \frac{1}{5}) = 8 \div \frac{4}{5} = 8 \times \frac{5}{4} = 10$$

이 밖에도 다양한 퍼즐 문제를 다루다보면 몰입하는 힘과 함께, 새로운 생각으로 접근하는 힘이 향상된다. 이러한 경험이 쌓이면 쌓일수록 문제해결력 향상에 도움이 된다.

큐브패턴이해를 통해 도형감각 익히기

1974년 헝가리의 건축공학과 교수인 에르노 루빅Erno Rubik이 학생들에게 3D개념을 이해시키기 위해 큐브를 만들었다. 그 후 미국과 유럽에서 선풍적인 인기를 끌었고, 대표적인 조작 퍼즐이 되었다. 지금은 남녀노소가 다양한 큐브를 즐기면서 그 매력에 푹 빠져 있다.

큐브는 회전에 따라 각각의 조각이 변화되어 여러 가지 패턴을 만들 수 있다. 또한 패턴이해를 통해 다양한 해법도 찾을 수 있다. 학생들이 큐브를 조작하고, 패턴을 이해해보는 것만으로도 입체도형에 친숙해진다. 이것 또한 수학감각을 키우기 위한 좋은 놀이다.

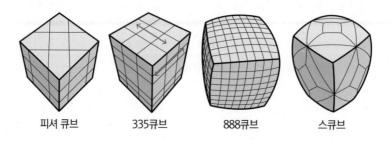

피셔 큐브   335큐브   888큐브   스큐브

보드게임을 통해 수 감각 익히기

최근 들어 보드게임의 인기가 대단하다. 보드게임은 친구들과 함께 즐길 수 있고, 규칙을 통해 승리전략을 찾아나가는 것이 매력이다. 또한 게임 속에 수학적인 생각들을 담고 있기 때문에 수학감각을 키우는 데도 도움이 된다. 학생들이 좋아하는 보드게임 루미큐브를 소개한다. (게임 방법은 루미큐브협회에서 가져온 것이다.)

루미큐브는 보드게임의 베스트셀러다. 이 보드게임은 숫자 타일의 연속된 규칙이나 그룹을 찾아 조합해 각자가 가져간 타일을 일정한 규칙에 의해 가장 먼저 숫자 타일을 전부 내려놓

세트(Set) : 루미큐브에서 말하는 세트에는 그룹과 연속이 있습니다.

- 그룹(Grup) : 색깔이 다른 같은 숫자 3개나 4개를 말합니다.

- 연속(Run) : 색깔이 같고 숫자가 연속되는 3개 이상의 타일을 말합니다.

주의하세요 : 숫자 1은 항상 가장 낮은 숫자이고 숫자 13뒤에 붙일 수 없습니다.

으면 이기는 게임이다. 루미큐브는 1930년대 초 이스라엘의 에브라임 헤르짜노Ephraim Hertzano에 의해 개발되었고, 가족, 친구들과의 즐거움과 유대감을 형성해주고, 교육적 효과도 매우 뛰어나 많은 학교에서 즐기는 보드게임이기도 하다.

모든 타일을 숫자가 보이지 않게 섞은 다음 14개씩 가져간다. 그룹 또한 연속의 형태로 타일을 내려놓는다. 처음에는 30 이상이 되어야 등록이 가능하다. 조커는 2개(빨간색, 검은색)가 있으며 조커는 모든 수와 모든 색깔을 대신할 수 있다.

그룹이나 연속으로 조합은 어떤 방법이든 가능하나, 조합 후 테이블 위에는 3개 이상으로 타일이 그룹이나 연속으로 남아 있어야 한다. 받침대 위에 있는 타일을 모두 테이블 위에 내려놓으면서 "루미큐브"라고 외치면 경기는 끝나고, 다른 사람의 남은 숫자의 합이 자신의 점수가 된다.

즉 테이블 위의 숫자 배치는 계속해서 변화되지만, 일정한 규칙에 따라 수를 조합해 자신의 타일은 모두 내려놓아야 승리하는 보드게임이다. 같은 숫자와 연속된 숫자를 확인해 자신의 숫자를 재배열하는 과정에서 최적의 숫자배열이 중요하다. 다른 친구들의 숫자도 예측해야 하므로 1분이란 배열시간이 결코 긴 시간은 아니다.

학생들은 이 게임을 통해 즐거움을 느끼고, 자신만의 승리전략을 잘 찾아갔다. 변화되는 숫자들을 재배치함으로써 숫자의 규칙성에 익숙해지고, 예측할 수 있는 힘도 생겼다. 보드게임은 즐기면서 수학감각을 키울 수 있는 가장 좋은 퍼즐이다.

이밖에도 학생들은 다빈치코드, 쿼리도, 스플렌더 등 다양한 보드게임을 좋아한다. 친구들이나 가족들과 함께 보드게임을 즐겨보자. 즐겁게 노는 것만으로도 수학감각을 키우기 위한 좋은 경험이 된다.

나는 이렇게
수학을
잘하게 되었다

창의력 및 심화 문제 풀이에

어려움을 느끼는 학생

창의력 및 심화 문제는 누구에게나 어렵다. 기본 문제라면 개념을 이해하고 간단하게 적용해보면 해결되지만, 창의력 및 심화 문제는 새로운 생각으로 접근하거나 몇 개의 개념을 복합적으로 이해하고 적용해야만 해결할 수 있기 때문이다.

그럼 어떻게 공부해야 할까? 당연한 이야기지만, 창의력 및 심화 문제도 기본개념과 문제 풀이가 바탕이 되어야 한다. 기본 문제 풀이부터 개념을 적절히 적용하는 연습이 필요하고, 문제에서 요구하는 핵심적인 요소를 찾는 것이 필요하다. 특히 수학 공부에서는 기본적인 개념의 이해와 문제 풀이가 완성되어야, 창의력 문제든 심화 문제든 도전해 해결방안을 찾아낼 수 있다.

그래서 창의력 및 심화 문제 풀이가 어렵다면 기본적인 개념 이해와 문제 풀이가 완성되었는지를 점검해봐야 한다. 생각보다 많은 학생이 기본개념조차 이해하지 못했는데도, 어려운 창의력 문제나 심화 문제 풀이에 헛심을 빼는 경우가 있다.

우선 객관적으로 자신이 심화 문제와 창의력 문제를 풀이해 해결방안을 찾아낼 만큼의 개념 이해와 기본 문제 풀이가 가능한지를 확인하는 것이 필요한 이유다.

자신의 대한 점검을 통해 부족한 것이 있으면 반드시 채워야 한다. 개념 이해가 부족하다면 개념 이해부터 철저하게 정리해 자신의 것으로 만들어야 한다. 그래야 문제 속에서 자신이 알고 있는 개념들을 활용해 해결방안을 찾아낼 수 있다.

만약 어느 정도 완성이 되었는데도, 심화 및 창의력 문제 풀이에 어려움이 있다면 문제 풀이를 유형별로 해보는 것도 좋은 방법이다. 심화 및 창의력 문제 풀이가 잘 되지 않는 것은 익숙하지 않기 때문이다. 공부단계부터 최대한 유형별로 정리해보고, 풀이 과정을 단계별로 만들어 익숙해지도록 노력해보자.

문제 유형에 익숙해지면 새롭게 변한다 하더라도 해결방안을 찾아나가는 데 유리함이 있다. 또한 풀이 과정을 단계별로 나타내면 머릿속으로 해결방안의 흐름을 기억할 수 있어, 접근 방법을 구상하는 데 도움이 된다.

마지막으로 퍼즐 문제에 관심을 가져보는 것도 도움이 된다. 퍼즐 문제 풀이도 수학 문제와 같이 해결을 위한 핵심적인 요소를 찾을 수 있느냐가 관건이다. 접근방법은 동일하다. 게다가 퍼즐 문제는 더 다양한 범위의 수학 개념을 포함하고 있고, 창의적인 생각으로 접근해야만 풀이가 가능한 것도 많다.

무엇보다도 학생들은 수학 문제 풀이보다 더 재미있고, 즐겁다고 말한다. 해결을 위해 자신이 알고 있는 수학적 지식을 적용해보고, 최적의 방안을 찾아내는 과정으로부터 몰입하는 힘과 끈기 등의 정서적인 힘도 향상된다. 창의력 및 심화 문제를 잘 해결하기 위해서는 다양한 수학적 경험이 필요하다.

수학 문제 풀이와 함께 다양한 퍼즐 문제에도 관심을 가져본다면 더 많은 경험을 하게 되고, 그러한 경험은 창의력 및 심화 문제에 풀이를 해결해나가는 데 도움을 준다.

나는 이렇게
수학을
잘하게 되었다

수학 문제를 풀이할 때 꼭 답안지를 보는 학생

일반적으로 수학을 공부할 때 기본개념을 익힌 후, 문제 풀이에 많은 시간을 투자한다. 문제를 통해 개념을 더 단단히 하고, 유형을 익혀 새로운 문제에 적응력을 키우기 위함이다. 대개 기본적인 유형의 문제라면 개념만 알고 있어도 쉽게 해결할 수 있다.

그러나 심화 문제나 창의력 문제일 때는 해결의 위한 실마리를 찾는 것조차 만만찮은 경우가 많다. 순간 답답해지면서 누군가에게 도움을 청하고 싶은 생각이 든다. 자신의 궁금증을 해결해줄 사람이 없다면 답안지를 보려는 유혹에 빠지기 십상이다.

대부분의 학생이 어려운 심화 문제를 풀이할 때 1분 이상 생각하고, 다양한 방법으로 도전하려고 하지 않는다. 바로 옆에 있는 친구에게 질문하거나 답안지를 보고 풀이하려고 한다. 1분이란 시간이 짧다면 짧을 수 있지만, 문제 풀이를 위한 실마리를 찾아 해결방안을 구상하기에 충분한 시간이다.

만약 자신의 능력으로 풀이할 수 없는 문제라면 어떤 것을 모르고, 부족한 부분이 무엇인지를 찾는 시간으로 사용해야 한다. 어떤 문제가 주어지면 단순하게 풀이로만 끝나는 것이 아니라, 해결을 위한 정확한 구상과 함께 자신의 부족함을 찾는 데 상당 시간을 사용하는 것은 필요하다.

정확한 구상만 된다면 풀이는 물 흘러가듯 정리만 해주면 된다. 문제를 보고 어떻게 풀이할 것인가를 생각하는 시간을 확보하기 위해서는 연습부터 달라야 한다. 처음에는 답안지를 절대 보지 않아야 한다. 자신에게 어려운 문제라 할지라도 답안지를 보지 않는 것이 좋다.

바로 질문하는 것도 답안지를 보는 것과 같다. 어차피 해결을 위한 실마리를 친구나 선생님에게 질문하는 것이기 때문이다. 우선 문제가 주어지면 자신에게 쉽든 어렵든 해결을 위한 실마리를 찾고, 풀이를 하거나 모르는 부분이 무엇인지를 찾는 시간을 가져야 한다. 그런 이유에서 모른다고 바로 답안지를 보거나 질문하는 것은 좋지 않은 습관이다.

어렵다고 즉각적으로 답안지를 보거나 질문하는 것은 자신의 부족함을 정확하게 찾고 해결해나가는 데 큰 도움이 되지 않는다. 누군가의 설명을 들으면서 문제를 풀거나 답안지를 보면서 풀이하는 습관은 자신의 실력을 파악하고 부족함을 찾는 데 도움이 되지 않을 뿐만 아니라, 과장된 실력으로 스스로를 혼란스럽게 만들 수 있다.

"난 열심히 공부하고, 문제 풀이도 잘 하는데, 시험만 보면 결과가 좋지 않아요"라고 이야기하면서 자신의 공부에는 아무런 문제가 없고, 시험에 임하는 마음에 문제가 있다고 스스로 진단하는 경우가 상당히 많다.

사실 수학 문제를 풀이하는 것은 진정한 공부가 아니다. 자신의 현재 상태를 파악하고 부족한 부분을 찾는 과정이라 생각한다. 그 과정을 통해 자신을 진단하고, 부족함을 채워나가기 위한 단계부터가 진정한 공부다. 그래서 자신을 진단하기 위한 문제 풀이 과정이 중요하고, 그 과정에서의 핵심은 자신의 부족함을 정확하게 찾는 것이다. 부족함을 정확하게 찾을 수만 있다면, 그 다음 단계는 관련 내용과 문제를 풀이하면서 부족함을 채우는 과정이다.

자신의 교과 이해도를 정확하게 파악하기 위해서 최대한 공정해야 한다. 교사나 친구의 설명을 듣고 문제를 풀이하거나 답안지를 보고 풀이하는 것은 공정하지 않다. 자신의 실력을 과장해서 포장할 수도 있다. 과장된 실력은 평가과정에서 여실히 나타나기 마련이다. 수학적으로 생각하고 활용하는 실생활에서도 전혀 도움이 되지 않는다.

그런데 학교에서 과도한 선행위주로 공부한 학생 중 과장된 수학 실력으로 포장된 학생들이 꽤 많다. 이미 배웠기 때문에 개념도 잘 이해하고 있고, 문제 풀이에도 아무런 문제가 없다고 생각한다. 그러나 이미 문제 풀이 강의를 들었거나 미리 답안지를 보았다고 해서 정확하게 이해하고 해결할 수 있는 것은 아니다. 꼭 기억하길 바란다.

문제 풀이를 통해 자신의 장단점을 파악하기 위해서는 많은 시간을 투자해야 한다. 그리고 처음부터 답안지를 보거나 누군가에게 질문하지 않는 것이 좋다. 숙제를 위한 공부보다는 자신의 교과 이해정도를 파악하기 위한 공부면 더 효과적이다. 답안지는 문제 풀이를 통해 자신의 이해정도를 파악하기 위해 활용하는 것이다. 채점만을 위한 것이 아니라 과정 속에서 나의 부족함을 찾고, 나와 다른 방식이 있다면 참고해야 한다. 그것이 바로 최상의 답안지 활용법이다.

질문도 마찬가지다. 자신이 몰랐던 것을 다른 사람의 설명을 통해 아는 것으로만 끝나는 것이 아니라, 자신을 바라보고 문제점을 파악해야 한다. 그래야 자신의 부족함을 채워나갈 수 있다.

**수학 공부,
이것이
궁금하다**

"중학교 3학년 학생인데 수학 실력이 많이 부족합니다. 열심히 해보고 싶지만, 너무 늦었다고 생각하니 어떤 것부터 공부해야 할지 모르겠습니다."

수학은 단계형 교육과정으로 구성된 과목입니다. 아래 단계가 부실하면 위로 올라가는 것이 힘들 뿐만 아니라, 간신히 올라간다고 해도 무너질 가능성이 매우 많습니다. 그만큼 기초가 튼튼해야 그 위에 새로운 개념들을 쌓아갈 수 있는 것이 바로 수학입니다.

그래서 오랫동안 수학 공부를 하지 않은 학생들에게는 수학 공부를 시작하는 것부터 두렵습니다. 자신 앞에 있는 높은 벽을 넘어가야 하는데, 아무런 도구가 없습니다. 수학 공부를 몇 번 해보지만 공부를 해도 안 된다는 생각에 바로 포기하게 됩니다.

기초가 부족한 학생들의 이야기입니다. 그래서 수학 공부를 하고 싶지만 할 수가 없다는 말을 합니다. 그런데 정말 그럴까요?

학생들 말대로 중학교 3학년이라면 수학 공부의 기초가 완성해야 할 시기입니다. 그 기초를 바탕으로 다양한 수학적 감각을 쌓아올려야 하는 시기인 것은 맞습니다. 그러나 그건 기초가 튼튼한 학생들의 이야기입니다. 만약 지금까지 수학 공부를 제대로 하지 않았다면 수학 공부를 다지는 단계가 아니라 시작하는 단계인 것입니다.

예를 들어 어린아이가 자연수를 배우고, 덧셈을 연습한다고 해봅시다. 이 아이가 연습을 통해 덧셈의 원리를 찾았다고 해도 그것으로부터 뺄셈의 원리를 이해하는 것은 극히 어려운 일입니다.

$1+2=3$이라는 것으로부터 $1-2=-1$이라는 것을 찾기는 어렵습니다. 그 학생은 자연수만을 알고 있기 때문입니다. 음수를 배우고 정수까지 수를 확장해야만 정확하게 $1-2=-1$이라는 것을 이해하게 됩니다.

아주 간단한 예시지만, 이런 어처구니없는 일이 많은 학생에게 벌어지고 있습니다. 정수가 무엇인지 알지 못하는 학생이 $1-2=-1$이 된다는 것을 배우고 있습니다. 중학교 3학년 학생이라고 해서 그 학년에 맞는 수학 공부를 할 필요는 없습니다.

특히 기초가 부족한 학생이라면 이제부터 시작이라고 생각해야 합니다.

물론 이제부터 시작해서 언제 다른 학생들만큼 할 수 있을까라는 생각을 할 것입니다. 그러나 시작하지도 않고 포기하면 변화될 수 없습니다. 실제로 기초가 부족했던 중학교 3학년 학생이 기초부터 시작하여 큰 변화를 맛본 경험도 있습니다.

자신의 생각을 바꿔야 합니다. 자신 앞이 보이는 커다란 벽은 자신이 만든 것입니다. 지금까지 수학 공부를 제대로 하지 않은 것으로부터 만들어진 것입니다. 그 벽을 넘어야 할 것은 바로 자신입니다. 누군가가 대신 넘어줄 수도 없고, 절대적인 도움을 줄 수도 없습니다.

자신이 몇 학년인 것은 중요치 않습니다. 현재 자신의 수준을 제대로 파악하는 것이 우선입니다. 중학교 3학년이지만 기초가 부족하다면 과감하게 초등학교 수학부터 할 수 있는 용기가 필요합니다. 어쩌면 용기가 없어 큰 변화를 맛보지 못하는 것일지도 모릅니다.

여러분들에게 도움을 줄 수 있는 멘토부터 찾아야 합니다. 멘토는 선생님일 수도 있고, 친구일 수도 있습니다. 누구든 상관없습니다. 다만 여러분들에 대해 잘 알고, 수학수준을 파악해 줄 수 있는 사람이면 충분합니다.

멘토의 의견을 참고해 가장 기본적인 계획부터 세워야 합니다. 기본적인 연산이 되지 않으면 연산부터 해야 합니다. 개념 이해가 되지 않으면 최대한 노트를 활용해봅시다. 몇 번씩이라도 직접 써보고, 반복해서 크게 읽어봅시다. 개념이 적용되는 간단한 문제도 활용하면 좋습니다. 기초가 부족하다면 한 번에 이해하지 못하는 경우가 많습니다. 때문에 반복학습이 꼭 필요합니다.

자신에게 집중해봅시다. 중학교 3학년이면 늦은 것은 사실입니다. 그러나 자신에게 집중하고, 멘토를 통해 자신을 바라보고 할 수 있는 것부터 시작해봅시다. 그리고 작은 곳에서 기쁨을 느껴봅시다. 간단 유형의 기본 문제를 풀어보고, 해결되었을 때 크게 기뻐해봅시다. 수학 공부는 여러분들의 의지에 의해서 시작할 수 있고, 문제를 해결했을 때의 기쁨으로부터 계속 해 나갈 수 있습니다.

기본적인 연산과 수학 개념이 어느 정도 이해되면 현재 배우고 있는 학년의 개념도 함께 도전해봅시다. 수학 과목이 단계형 교육과정이긴 하지만 기초가 없을 때는 암기과목이라 생각해도 됩니다.

일단 현재 학년의 개념을 노트에 모두 쓰고, 이해가 가든 안 가든 외워봅시다. 기초가 부족하면 반복학습이 필요하고, 이해하기 위해서는 반복의 횟수를 늘리는 것이 중요합니다. 이런 방법으로 며칠, 몇 주, 몇 달을 해보면 자신에게 필요한 수학 공부의 방향이 서서히 보일 것입니다.

　이제 필요한 것은 꾸준함입니다. 다시 처음으로 돌아가, 또다시 시작해봅시다. 그럼 자신 앞에 보이는 커다란 벽을 넘을 용기가 생길 것입니다.

독자 여러분의
소중한 원고를 기다립니다

★ 메이트북스는 독자 여러분의 소중한 원고를 기다리고 있습니다. 집필을 끝냈거나 혹은 집필중인 원고가 있으신 분은 khg0109@hanmail.net으로 원고의 간단한 기획의도와 개요, 연락처 등과 함께 보내주시면 최대한 빨리 검토한 후에 연락드리겠습니다. 머뭇거리지 마시고 언제라도 메이트북스의 문을 두드리시면 반갑게 맞이하겠습니다.